オールカラー

超入門！

書いて覚える

簡体字

ドリル

音声
ダウンロード
付き

林 怡州

［著］

ナツメ社

はじめに

　日本と中国は同じ漢字文化圏にあり、日本人は古くから漢字に親しんできました。そして戦後、日本は独自の漢字の簡略化を進めましたが、中国もまた1950年代に簡略化した漢字である「簡体字」を定着させました。現在は旧字体である「繁体字」を使っている地域は、台湾や香港などに限られています。

　語学の基本は単語力にありますが、中国語の単語は漢字のパーツでできていますから、漢字を知っている日本人学習者には有利です。しかし、日本語の漢字と中国語の簡体字には、形がまるで違うものも多くあります。そこで、日本人学習者が簡体字を楽しく効率よく覚えられるよう、本書を執筆しました。

　本書はHSKと中国語検定を受検する学習者のために、『新漢語水平考試大綱』を参考にHSK1級～4級の常用漢字を中心として、日本の漢字とは形が違う簡体字をセレクトしました。簡略化のルールを理解して、簡体字を覚えやすくするために繁体字および日本の漢字も併記し、書き順のわかりにくいものについては書き順も示しています。

　語学の学習に王道はありません。長い道のりを楽しく学び続けることが大切です。楽しいことは続けることができ、学び続けることで、必ず求めるものに近づくことができると信じています。

　本書が、楽しく中国語を学び続けるための一助となれば幸いです。

　最後に、本書の執筆段階で多くのアドバイスをくださった小髙真梨氏、四方川めぐみ氏、また原稿作成に協力してくださった増田真意子氏、佐藤美喜氏に感謝の意を申し上げます。

林　怡州

もくじ

プロローグ　簡体字と中国語のキホン

第1章　くずし字にする

第2章　へんやつくりを略す

本書の使い方

本書は、簡体字がつくられた過程ごとに章立てしています。「くずし字にする」「へんやつくりを略す」「繁体字の一部を残す」など、全部で9章の構成になっています。

簡体字のほかに、参考として繁体字、日本の漢字を併記。字のなりたちや発音と品詞、その字を使った語彙などについて解説しています。書き順のわかりにくい字には、書き順を矢印で示しました。
※日本語で一般的にはあまり使われない漢字は数多くあります。本書に掲載した日本語の漢字は、『新版 漢語林』（大修館書店）に準じています。
※離合詞の動詞と目的語の発音記号の間には「/」を入れています（⇒P.102）。

ダウンロード音声のトラック番号です。簡体字の読み、簡体字を使った単語の和訳、簡体字を使った単語の読みの順に収録しています。

まず簡体字を1字ずつ書いたあと、その文字を使った単語やフレーズを書いて覚えましょう。

この見開きで紹介した簡体字や簡体字を使った単語に関連する、プラスアルファの解説です。

おさらいドリル 各章の最後には、練習問題があります。繰り返し練習して簡体字を覚えましょう。

日本語の漢字で探せる索引 本文の最後には、日本語の漢字とその音読みから簡体字を探せる索引があります。

巻末付録 音節表 巻末には、中国語の子音と母音の組み合わせをまとめた一覧表である「音節表」を掲載しています。

ダウンロード音声について

音声ファイルはナツメ社ウェブサイト（https://www.natsume.co.jp/）の『オールカラー 超入門！書いて覚える簡体字ドリル』のページよりダウンロードが可能です。ダウンロードした音声は、パソコンやMP3対応のオーディオプレーヤーで再生できます。

簡体字と中国語の キホン

中国語の文字である「簡体字」を練習する前に、古くからある中国の漢字（「繁体字」と言います）との違いや、中国語の発音、基本的な文型などについて説明します。

日本語の漢字も、もともとは繁体字だったんだよ！

繁体字とは

昔から使われてきた字体で、画数が多い複雑な形です。繁体字は、現在、台湾、香港、マカオなどで使われています。また戦前の日本や、漢字文化圏の朝鮮半島、ベトナムでも繁体字を使っていました。例えば「学」「楽」という字は、繁体字では次のような形になります。

簡体字とは

1950年代の文字改革で制定されたもので、繁体字を簡略化して画数を少なくした字体です。ちなみに、書きやすい字や使用頻度の低い字は簡体字でも略されていません。簡体字は、中国、シンガポール、マレーシアなどで使われています。

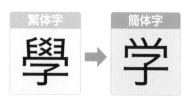

日本語の新字体

日本でも、第二次世界大戦後に昔からの字体（旧字体）が簡略化されました。簡略化された字は新字体（新漢字）と呼ばれています。

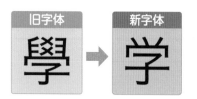
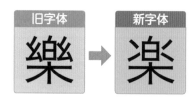

例えば「いらっしゃいませ（お越しを歓迎します）」という意味の中国語をそれぞれの字体で書くと、次のような表記になります。

繁体字	簡体字	新字体
歡迎光臨	欢迎光临	歓迎光臨

中国語の発音と発音記号、四声(しせい)

中国語の発音はアルファベットの発音記号(この発音記号はピンインと呼ばれています)で表されます。また中国語には、音の上がり下がりがあり、それを四声といいます。発音記号の上につく符号は四声を表しています。

TRACK 01

第一声	高く平らに	ā アー
第二声	下から一気に上げる	á アー
第三声	低く抑えて	ǎ アー
第四声	上から一気に下げる	à アー
軽 声	軽く短く	a ア

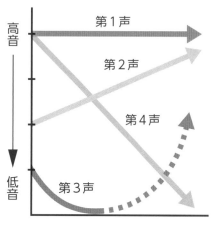

※第三声は、実際の会話では「半三声」になることが多いです。「半三声」は第三声の実線部分のみを発音します(点線の上昇部分は発音されません)。

基本的な文型

中国語の基本的な語順をいくつかの例文を使って説明します。

私は日本人です。

我　是　日本人。　※基本的な語順は、主語＋動詞＋目的語。

私　である　日本人

あなたは中国人ですか？

你　是　中国人　吗?　※"是"は英語のbe動詞に近いです。

あなた　である　中国人　か

彼は烏龍茶を飲みません。

他　不　喝　乌龙茶。　※否定文は動詞の前に"不"か"没"をつけます。

彼　しない　飲む　烏龍茶

コラム❶

中国語の常用語彙は2文字のパターンが多い

　中国語は、漢字1文字（1音節）だけだと同じ音の語（これを「同音文字」と言います）が非常に多い言語です。古代の中国語では1文字の語彙が多かったそうですが、時代が進むにつれて言葉の表現も豊かになりました。そのため、どういう意味の語彙なのかを聞き分けられるように、2文字（2音節）の語が多く使われるようになりました。

　例えば"签qiān チェン"は「サインする」という意味の動詞ですが、"qiān チェン"という音の語は"千"、"铅"などたくさんあります。そこで、「サインする」は"签名 qiān/míng チェンミィン"（直訳すると「名をサインする」）と2文字で言います。いくつか例を紹介しましょう。

❶"爸爸bà ba バーバ"「お父さん」（⇒P.134、"爸"）

同じ字を重ねて語彙をつくる方式です。"妈妈mā ma マーマ"「お母さん」、"哥哥gē ge グォグォ"「お兄さん」など、親族の名称に多く見られます。

❷"老师lǎo shī ラオシー"「先生」（⇒P.18、"师"）

"师shī シー"だけでも「先生」を意味しますが、接頭辞の"老lǎo ラオ"をつけると通じやすくなります。

❸"裤子kù zi クーズ"「ズボン」（⇒P.14、"裤"）

"裤kù クー"だけでも「ズボン」を意味しますが、接尾辞の"子zi ズ"をつけるとよりわかりやすいです。

❹"寒冷hán lěng ハンラヲン"「寒い」（⇒P.44、"冷"）

同じ性質や形態を表す語、"寒hán ハン"と"冷lěng ラヲン"を並べたもの。書き言葉で使われることが多いです。

❺"银行yín háng インハァン"「銀行」（⇒P.36、"银"）

これは日本語から逆輸入された語彙です。現代の中国語には、このような日本でできた言葉が数多く定着しています。

第 **1** 章
くずし字にする

漢字の書体のひとつ、草書体からできた簡体字を練習しましょう。草書体とは、スピーディーに書けるように、画数が多い漢字を簡略化してくずし字にした書体のことです。

繁体字	簡体字
馬	马 mǎ マー

繁体字	簡体字
騎	骑 qí チー

繁体字	簡体字
車	车 chē チョ

繁体字	簡体字
較	较 jiào ジァオ

繁体字	簡体字
師	师 shī シー

繁体字	簡体字
時	时 shí シー

马 (馬)・书 (書)・为 (為)・车 (車) など

「馬」の字は、4つの点がつながり一本の線になります。

mǎ マー

繁体字 **馬**

日本の漢字 **馬**

名 馬

昔、馬車が走る大通りのことを"**马路**mǎ lù マールー"と言いましたが、「大通り」という意味で今も使われます。"**马上**mǎ shàng マーシャン"は「ただちに・すぐに」という副詞です。

妈 mā マー

繁体字 **媽**

日本の漢字 **媽**

名詞「母」。"**妈妈**mā ma マーマ"は「お母さん」、「お父さん」は"**爸爸**bà ba バーバ"です(⇒P.134、"**爸**")。

吗 ma マ

繁体字 **嗎**

日本の漢字 **嗎**

「〜ですか?」という語気助詞(⇒P.124、コラム)。"**好吗**Hǎo ma? ハオマ"は「いいですか?」です。

码 mǎ マー

繁体字 **碼**

日本の漢字 **碼**

数字を表す記号。"**号码**hào mǎ ハオマー"は「ナンバー」、"**密码**mì mǎ ミーマー"は「パスワード」です。

骗 piàn ピェン

繁体字 **騙**

日本の漢字 **騙**

「だます」という動詞。"**骗子**piàn zi ピェンズ"は「ペテン師」、"**诈骗**zhà piàn ジァピェン"は「だまし取る」。

骑 qí チー

繁体字 **騎**

日本の漢字 **騎**

動 (またがる乗り物に) 乗る

"**骑马**qí/mǎ チーマー"は「馬に乗る」、"**骑自行车**qí zì xíng chē チー ズー シンチョ"は「自転車に乗る」。ちなみに「車に乗る」は"**坐车**zuò/chē ズオチョ"、「車を運転する」は"**开车**kāi/chē カイチョ"(⇒P.14、"**车**")。

shū シゥ

繁体字 **書**

日本の漢字 **書**

名 本 動 字を書く

"**看书**kàn/shū カンシゥ"は「(声を出さずに) 本を読む」、"**图书馆**tú shū guǎn トゥシゥグアン"は「図書館」(⇒P.132、"**图**"/P.42、"**馆**")。また「書く」は、一般的には"**写**xiě シエ"を使います(⇒P.126、"**写**")。

文字や単語、フレーズを書いてみよう！

mǎ マー
马

大通り　日本の漢字 馬路　mǎ lù マールー
马路

mā マー
妈

お母さん　日本の漢字 媽媽　mā ma マーマ
妈妈

ma マ
吗

いいですか？　日本の漢字 好嗎？　Hǎo ma ハオマ
好吗？　？

mǎ マー
码

ナンバー　日本の漢字 号碼　hào mǎ ハオマー
号码

piàn ピェン
骗

ペテン師　日本の漢字 騙子　piàn zi ピェンズ
骗子

qí チー
骑

馬に乗る　日本の漢字 騎馬　qí/mǎ チーマー
骑马

shū シゥ
书

（声を出さずに）本を読む　日本の漢字 看書　kàn/shū カンシゥ
看书

第1章　くずし字にする

近年の中国でも、「オレオレ詐欺」や「ネット詐欺」が横行しているんだ。「詐欺グループ」のことを“诈骗集团zhà piàn jí tuán ジァピェン ジートアン”、そのメンバーのことを“骗子piàn zi ピェンズ”と呼ぶんだよ。

13

前 ～のために　動 する、為す

"wèi ウェイ"は「～のために」という前置詞で"因为 yīn wèi イン
ウェイ"は「～なので」。"wéi ウェイ"は「する、為す」という動詞
で"以为 yǐ wéi イーウェイ"は「～と思う」という意味です。

wèi ウェイ
wéi ウェイ

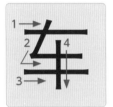

名 (車輪のある) 乗り物

"车 chē チョ"の字は、さまざまな乗り物の名前に使われます。
"汽车 qì chē チーチョ"は汽車ではなくて「自動車」、"出租车
chū zū chē チュズーチョ"は「タクシー」を表します。"车站
chē zhàn チョジァン"は「駅」です。

chē チョ

「やわらかい」という形
容詞。"软件 ruǎn jiàn
ルァンジェン」は「ソフ
トウェア」という意味
です。

ruǎn ルァン

「軽い、楽な」という形
容詞。"年轻 nián qīng
ニェンチン"は「若
い」という意味です。

qīng チン

「比べる」という動詞。
"比较 bǐ jiào ビージァ
オ"は「～に比べて」と
いう意味です。

jiào ジァオ

車を数えるときに使う
量詞 (「個」や「枚」の
ような助数詞)。"一辆
yí liàng イーリァン"
は「一台」です。

liàng リァン

「負ける」という動詞。
"输赢 shū yíng シゥ
イン"は「勝ち負け」
を表します (⇒P.34、
"赢")。

shū シゥ

「ズボン」という名詞。
"裤子 kù zi クーズ"は
「ズボン」、「スカート」
は"裙子 qún zi チュン
ズ"と言います。

kù クー

動 つながる　介 ～でさえも

"大连 Dà lián ダーリェン"「大連」は、「北海の真珠」とも呼
ばれる中国東北の美しい港町で、日系企業が多いことでも有
名。"连续 lián xù リェンシュイ"は「連続する」という意味です
(⇒P.118、"续")。

lián リェン

第1章 くずし字にする

wèi ウェイ **为**		

〜なので 日本の漢字 因为 yīn wèi インウェイ

因为		

wéi ウェイ **为**		

〜と思う 日本の漢字 以为 yǐ wéi イーウェイ

以为		

chē チョ **车**		

自動車 日本の漢字 車 qì chē チーチョ

汽车		

ruǎn ルァン **软**		

ソフトウェア 日本の漢字 軟件 ruǎn jiàn ルァンジェン

软件		

qīng チィン **轻**		

若い 日本の漢字 年軽 nián qīng ニェンチィン

年轻		

jiào ジァオ **较**		

〜に比べて 日本の漢字 比較 bǐ jiào ビージァオ

比较		

liàng リァン **辆**		

一台 日本の漢字 一輌 yí liàng イーリァン

一辆		

shū シゥ **输**		

勝ち負け 日本の漢字 輸贏 shū yíng シゥイン

输赢		

kù クー **裤**		

ズボン 日本の漢字 袴子 kù zi クーズ

裤子		

lián リェン **连**		

大連 日本の漢字 大連 Dà lián ダーリェン

大连		

长（長）・专（専）・东（東）・师（師）など

「長」の字は、だいぶ画数が減って4画になりました。

cháng チャン
zhǎng ジャン

繁体字　長
日本の漢字　長

形 **長い**　動 **成長する**　名 **（組織の）トップ**

"cháng チャン"は形容詞「長い」で"**长处** cháng chu チャンチゥ"は「長所」。"zhǎng ジャン"は動詞「成長する」と名詞「（組織の）トップ」で"**校长** xiào zhǎng シァオジャン"は「校長」という意味です。

张
zhāng ジャン

繁体字　張
日本の漢字　張

「枚（平らな表面をもつ物）」という量詞。"**一张** yì zhāng イージャン"は「一枚」という意味です。

涨
zhǎng ジャン

繁体字　漲
日本の漢字　漲

「高くなる」という動詞。"**上涨** shàng zhǎng シャンジャン"は「上がる」という意味です。

---

zhuān ジャン

繁体字　專
日本の漢字　専

形 **詳しい、専門の**　副 **いちずに**

日本の漢字「専」も繁体字の"專"を少し省略しています。"**专家** zhuān jiā ジャンジア"は「専門家」、"**专业** zhuān yè ジャンイエ"は「専攻」（⇒P.56、"业"）、"**专心** zhuān xīn ジャンシン"は「集中している」という意味です。

传
chuán チャン
zhuàn ジャン

繁体字　傳
日本の漢字　伝

動 **伝える**　名 **伝記**

"chuán チャン"は「伝える」という動詞で"**传达** chuán dá チャンダー"は「伝達する」という意味（⇒P.80、"达"）。"zhuàn ジャン"は「伝記」という名詞で"**自传** zì zhuàn ズージャン"は「自伝」を表します。

转
zhuǎn ジャン
zhuàn ジャン

繁体字　轉
日本の漢字　転

動 **変える、取り次ぐ、回転する**

"zhuǎn ジャン"は「変える、取り次ぐ」という動詞で"**转身** zhuǎn shēn ジャンシェン"は「ふり返る」という意味。"zhuàn ジャン"は、「回転する」の意味で、単独で用います。

文字や単語、フレーズを書いてみよう！

cháng チァン

长

zhǎng ジァン

长

zhǎng ジァン

张

zhǎng ジァン

涨

zhuān ジァン

专

chuán チァン

传

zhuàn ジァン

传

zhuǎn ジァン

转

zhuàn ジァン

转

長所　日本の漢字 長処　cháng chu チァンチゥ

长处

校長　日本の漢字 校長　xiào zhǎng シァオジァン

校长

一枚　日本の漢字 一張　yì zhāng イージァン

一张

上がる　日本の漢字 上漲　shàng zhǎng シャンジァン

上涨

専門家　日本の漢字 専家　zhuān jiā ジャンジア

专家

伝達する　日本の漢字 伝達　chuán dá チァンダー

传达

自伝　日本の漢字 自伝　zì zhuàn ズージァン

自传

ふり返る　日本の漢字 転身　zhuǎn shēn ジァンシェン

转身

回転する　日本の漢字 転　zhuàn ジァン

转

第1章　くずし字にする

17

无 wú ウー
繁体字 無
日本の漢字 無

「ない」という動詞。“**有无** yǒu wú ヨウウー”は文字通り、「あるかないか」という意味です。

鸟 niǎo ニァオ
繁体字 鳥
日本の字 鳥

「鳥」という名詞。4つの点はつながり1本の線に。“**小鸟** xiǎo niǎo シァオニァオ”は「小鳥」です。

东 dōng ドン
繁体字 東
日本の漢字 東

名 (方角で) 東、主人

“**车** chē チョ”と間違えないように注意 (⇒P.14、“**车**”)！ 昔は一家の主が東に座ったことから、「主人」の意味も。“**东西** dōng xi ドンシ”は「もの」、“**房东** fáng dōng ファンドン”は「大家」という意味です。

发 fā ファー
fà ファー
繁体字 發・髪
日本の漢字 発・髪

動 出す、発生する **名** 髪

“fā ファー”は「出す」という動詞で“**出发** chū fā チゥファー”は「出発する」。“fà ファー”は「髪」という名詞で“**发型** fà xíng ファーシィン”は「髪型」。“**头发** tóu fa トウファー”は「髪の毛」ですが、“**头** tóu トウ”は「頭」の簡体字で同じくずし字の形になっています。

节 jié ジエ
繁体字 節
日本の漢字 節

「区切り」という名詞。“**节目** jié mù ジエムー”は「番組」、“**节日** jié rì ジエリー”は「祝日」を表します。

鱼 yú ユィ
繁体字 魚
日本の漢字 魚

「魚」という意味の名詞。「魚を釣る」は“**钓鱼** diào/yú ディアオユィ”です。

师 shī シー
繁体字 師
日本の漢字 師

名 先生

「先生」は“**老师** lǎo shī ラオシー”。若くても“**老师** lǎo shī ラオシー”です。ちなみに、中国語の“**先生** xiān sheng シェンシォン”は男性に対する敬称。“**师傅** shī fu シーフ”はコックや運転手などの技術者に対する呼称です。

帅 shuài シゥアイ
繁体字 帥
日本の漢字 帥

「かっこいい」という形容詞。“**帅哥** shuài gē シゥアイグォ”は「イケメン」。“**哥**”は男性の呼称で「兄」の意味も。

归 guī グゥイ
繁体字 歸
日本の漢字 帰

「戻る、戻す」という動詞。“**归还** guī huán グゥイホアン”は「返す」という意味です。

wú ウー

无

あるかないか 日本の漢字 有無 yǒu wú ヨウウー

有无

niǎo ニァオ

鸟

小鳥 日本の漢字 小鳥 xiǎo niǎo シァオニァオ

小鸟

dōng ドン

东

もの 日本の漢字 東西 dōng xi ドンシ

东西

fā ファー

发

出発する 日本の漢字 出発 chū fā チゥファー

出发

fà ファー

发

髪型 日本の漢字 髪型 fà xíng ファーシィン

发型

jié ジエ

节

番組 日本の漢字 節目 jié mù ジエムー

节目

yú ユィ

鱼

魚を釣る 日本の漢字 釣魚 diào/yú ディアオユィ

钓鱼

shī シー

师

先生 日本の漢字 老師 lǎo shī ラオシー

老师

shuài シゥアイ

帅

イケメン 日本の漢字 帥哥 shuài gē シゥアイグヮ

帅哥

guī グゥイ

归

返す 日本の漢字 帰還 guī huán グゥイホアン

归还

レッスン 3 时(時)・乐(楽)・兴(興)・爱(愛)など

「愛」の字は、"心がなくなり友が現れる"と覚えましょう。

繁体字 時
日本の漢字 時

shí シー

名 時刻、時期

"时间 shí jiān シージェン"は「時間」(⇒P.48、"间")。日本語の「時」とおおむね同じ意味ですが、時間の単位「o'clock」には"点 diǎn ディエン"を用います。たとえば「2時半」なら"两点半 liǎng diǎn bàn リァンディエンバン"です(⇒P.144、"两")。

繁体字 樂
日本の漢字 楽

lè ラヲ
yuè ユェ

形 楽しい　名 音楽

"lè ラヲ"は「楽しい」という形容詞。"快乐 kuài lè クアイラヲ"は「愉快だ」で、"可乐 kě lè クヲラヲ"は「コーラ」の当て字です。"yuè ユェ"は「音楽」という名詞で"音乐 yīn yuè インユェ"は「音楽」という意味です。

繁体字 農
日本の漢字 農

nóng ノン

名 農業、農民

"农村 nóng cūn ノンツン"は「農村」です。ちなみに、中国語の「士農工商」"士农工商 shì nóng gōng shāng シーノンゴンシャン"の「士」は武士ではなく、知識人を指します。

繁体字 興
日本の漢字 興

xīng シィン
xìng シィン

動 興る、盛んになる　名 おもしろみ

"xīng シィン"は動詞で"兴奋 xīng fèn シィンフェン"は「興奮する」(⇒P.60、"奋")。"xìng シィン"は名詞で"兴趣 xìng qù シィンチュイ"は「興味」。"应 yīng イン"(応)、"举 jǔ ジュイ"(挙)も同じくずしかたです。

繁体字 愛
日本の漢字 愛

ài アイ

動 愛する、好む

「簡体字では心がなくなり友が現れる」と覚えましょう。"可爱 kě ài クヲアイ"は「かわいい」、"爱好 ài hào アイハオ"は「好む(動詞)」「趣味(名詞)」という意味です。

文字や単語、フレーズを書いてみよう！

shí シー

时

lè ラヲ

乐

yuè ユェ

乐

nóng ノン

农

xīng シィン

兴

xìng シィン

兴

ài アイ

爱

時間 日本の漢字 時間 shí jiān シージェン

时间

愉快だ 日本の漢字 快楽 kuài lè クアイラヲ

快乐

音楽 日本の漢字 音楽 yīn yuè インユェ

音乐

農村 日本の漢字 農村 nóng cūn ノンツン

农村

興奮する 日本の漢字 興奮 xīng fèn シィンフェン

兴奋

興味 日本の漢字 興趣 xìng qù シィンチュイ

兴趣

かわいい 日本の漢字 可愛 kě ài クヲアイ

可爱

好む、趣味 日本の漢字 愛好 ài hào アイハオ

爱好

21

おさらいドリル1

1 日本の漢字を簡体字で書いて、中国語の意味と線でつなげましょう。

日本の漢字　　　簡体字　　　　　　　　　　　　　中国語の意味

① 馬（　　　　　）・　　　　　・長い、成長する、（組織の）トップ

② 書（　　　　　）・　　　　　・（方角で）東、主人

③ 騎（　　　　　）・　　　　　・ない

④ 車（　　　　　）・　　　　　・馬

⑤ 長（　　　　　）・　　　　　・詳しい、専門の、いちずに

⑥ 専（　　　　　）・　　　　　・本、字を書く

⑦ 無（　　　　　）・　　　　　・（車輪のある）乗り物

⑧ 東（　　　　　）・　　　　　・（またがる乗り物に）乗る

答え どのようにくずし字になっているのか、確認しましょう。

1 ① 马：馬　② 书：本、字を書く　③ 骑：（またがる乗り物に）乗る
④ 车：（車輪のある）乗り物　⑤ 长：長い、成長する、（組織の）トップ
⑥ 专：詳しい、専門の、いちずに　⑦ 无：ない　⑧ 东：（方角で）東、
主人

2 日本の漢字を簡体字で書いて、日本語に訳してみましょう。

| 日本の漢字 | 簡体字 | 中国語の意味 |

① 看書 （　　　　　）➡（　　　　　　　）

② 因為 （　　　　　）➡（　　　　　　　）

③ 年軽 （　　　　　）➡（　　　　　　　）

④ 長処 （　　　　　）➡（　　　　　　　）

⑤ 自伝 （　　　　　）➡（　　　　　　　）

⑥ 小鳥 （　　　　　）➡（　　　　　　　）

⑦ 節目 （　　　　　）➡（　　　　　　　）

⑧ 老師 （　　　　　）➡（　　　　　　　）

第1章　四　くずし字にする

答え "看kàn カン"には、「(声を出さずに)読む」という意味があります。

2 ① **看书**：本を読む　② **因为**：〜なので　③ **年轻**：若い　④ **长处**：長所　⑤ **自传**：自伝　⑥ **小鸟**：小鳥　⑦ **节目**：番組　⑧ **老师**：先生

漢字の種類 1　象形文字（しょうけい）

　象形文字は、目に見えるものの形を線で描いた絵をもとにつくられた字です。自然界にあるものや、生活にかかわる具体的なものを表した字が多いです。

❶ "日 rì リー"「太陽、1日24時間、昼間」

太陽の形をイメージした字です。真ん中の点は、太陽の光を表しています。

甲骨文　　金文　　小篆　　繁体/簡体

❷ "月 yuè ユェ"「月、時間の単位・月」

半月の形を表しています。

甲骨文　　金文　　小篆　　繁体/簡体

❸ "山 shān シァン"「山」

山が連なっている形で、3つの峰がたくさんの山を意味しています。

甲骨文　　金文　　小篆　　繁体/簡体

❹ "水 shuǐ シゥイ"「水、液体」

川の水が流れている形で、4つの点は水のしぶきをイメージしています。

甲骨文　　金文　　小篆　　繁体/簡体

❺ "鱼 yú ユィ"「魚」（⇒P.18、"鱼"）

魚のひれ、尾と鱗（うろこ）がついています。

甲骨文　　金文　　小篆　　繁体　　簡体

第2章
へんやつくりを略す

へんやつくりを省略して画数を減らした簡体字を練習しましょう。いとへんは「糸」が「纟」に、かねへんは「金」が「钅」に、ごんべんは「言」が「讠」に、形が変わります。

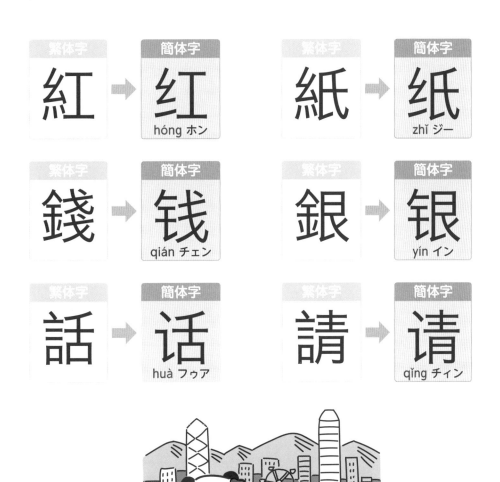

繁体字 紅 → 簡体字 红 hóng ホン

繁体字 紙 → 簡体字 纸 zhǐ ジー

繁体字 錢 → 簡体字 钱 qián チェン

繁体字 銀 → 簡体字 银 yín イン

繁体字 話 → 簡体字 话 huà フゥア

繁体字 請 → 簡体字 请 qǐng チィン

レッスン 1　纟（糸）　いとへん

いとへんは、「糸」が「纟」に略されました。

hóng ホン

繁体字　紅
日本の漢字　紅

形 赤い

赤は、中国人が大好きな縁起のよい色です。"**红包** hóng bāo ホンバオ"は「祝儀」（⇒P.126、"**包**"）、"**红色** hóng sè ホンソヮ"は「赤色」、"**红绿灯** hóng lǜ dēng ホンリュイドヮン"は「信号」という意味です（⇒P.28、"**绿**"）。

---

jì ジー

繁体字　紀
日本の漢字　紀

「規律、年月」という名詞で、"**年纪** nián jì ニェンジー"は「年齢」。「記録する」という動詞でもあります。

yuē ユェ

繁体字　約
日本の漢字　約

「約束事」という名詞で"**约定** yuē dìng ユェディン"は「約束する」。「制限する」という動詞でもあります。

---

zhǐ ジー

繁体字　紙
日本の漢字　紙

「紙」という名詞。"**手纸** shǒu zhǐ シォウジー"は「トイレットペーパー」です。

liàn リェン

繁体字　練
日本の漢字　練

「練習する」という動詞。"**练习** liàn xí リェンシー"は「練習する」です（⇒P.54、"**习**"）。

経

jīng ジィン

繁体字　經
日本の漢字　経

動 経過する、経験する、経営する　名 経典

右側は日本の漢字とやや異なり、上が「ス」で下が「エ」です。"**已经** yǐ jīng イージィン"は「すでに」、"**经济** jīng jì ジィンジー"は「経済」（⇒P.108、"**济**"）、"**经理** jīng lǐ ジィンリー"は「マネージャー」という意味です。

---

xì シー

繁体字　細
日本の漢字　細

「細い、細かい」という形容詞で"**详细** xiáng xì シァンシー"は「詳しい」。「太い」は"**粗** cū ツー"です。

zhōng ジォン

繁体字　終
日本の漢字　終

「終わる」という動詞。"**终点** zhōng diǎn ジォンディエン"は「終点、ゴール」という意味です。

文字や単語、フレーズを書いてみよう！

hóng ホン

红

祝儀　日本の漢字 紅包　hóng bāo ホンバオ

红 包

jì ジー

纪

年齢　日本の漢字 年紀　nián jì ニェンジー

年 纪

yuē ユェ

约

約束する　日本の漢字 約定　yuē dìng ユェディン

约 定

zhǐ ジー

纸

トイレットペーパー　日本の漢字 手紙　shǒu zhǐ シォウジー

手 纸

liàn リェン

练

練習する　日本の漢字 練習　liàn xí リェンシー

练 习

jīng ジィン

经

すでに　日本の漢字 已経　yǐ jīng イージィン

已 经

xì シー

细

詳しい　日本の漢字 詳細　xiáng xì シァンシー

详 细

zhōng ジォン

终

"西红柿 xī hóng shì シーホンシー"
は「トマト」だよ。

終点、ゴール　日本の漢字 終点　zhōng diǎn ジォンディエン

终 点

第2章

へんやつくりを略す

27

組

繁体字 組
日本の漢字 組

zǔ ズー

動 組織する　**名** グループ、組織　**量** 組、セット

中国語には日本語と語彙が同じものも多くあります。"**组织zǔ zhī** ズージー"は「組織、組織する」、"**组合zǔ hé** ズーフォ"は「組み合わせる、組合せ」となります。"**小组xiǎo zǔ** シァオズー"は「グループ」という意味です。

线

繁体字 線
日本の漢字 線

xiàn シェン

名 糸、糸状のもの、線

右側のパーツも簡略化されています。横線は3本ではなく2本なので注意。"**路线lù xiàn** ルーシェン"は「ルート、路線」、"**直线zhí xiàn** ジーシェン"は「直線」、"**线条xiàn tiáo** シェンティアオ"は「ライン」という意味です（⇒P.62、"**条**"）。

绍

繁体字 紹
日本の漢字 紹

shào シァオ

「受け継ぐ」という動詞。"**介绍jiè shào** ジエシァオ"は「紹介する」。日本語とは漢字の順が逆になります。

结

繁体字 結
日本の漢字 結

jié ジエ

「完了する、集まる」という動詞で"**结束jié shù** ジエシゥ"は「結束する」でなく「終わる」という意味です。

给

繁体字 給
日本の漢字 給

gěi ゲイ
jǐ ジー

動 与える、もらう、供給する　**介** 〜に、〜のために

"**gěi** ゲイ"は動詞「与える」や介詞「〜に（対象）、〜のために」として単独で用いることが多いですが、"**jǐ** ジー"と発音すると動詞「供給する」になります。"**供给gōng jǐ** ゴンジー"は「供給する」という意味です。

继

繁体字 繼
日本の漢字 継

jì ジー

動 継ぐ、続く

もともとは「切れた糸をつなげた」の意味からできた字です。たくさんの「糸」は「米」に変わりました。"**继承jì chéng** ジーチォン"は「相続する、継承する」、"**继续jì xù** ジーシュイ"は「続き、続く」という意味です（⇒P.118、"**续**"）。

绿

繁体字 綠
日本の漢字 緑

lǜ リュイ

「緑の」という形容詞。"**绿色lǜ sè** リュイソォ"は「緑色」、"**绿灯lǜ dēng** リュイドォン"は「青信号」です。

绩

繁体字 績
日本の漢字 績

jì ジー

「功績、成果」という名詞で、貝の字も略されています。"**成绩chéng jì** チォンジー"は「成績」です。

zǔ ズー		
组		

組織、組織する 日本の漢字 組織　zǔ zhī ズージー

组	织		

xiàn シェン		
线		

ルート、路線 日本の漢字 路線　lù xiàn ルーシェン

路	线		

shào シァオ		
绍		

紹介する 日本の漢字 介紹　jiè shào ジエシァオ

介	绍		

jié ジエ		
结		

終わる 日本の漢字 結束　jié shù ジエシゥ

结	束		

gěi ゲイ		
给		

与える、〜に 日本の漢字 給　gěi ゲイ

给	

jǐ ジー		
给		

供給する 日本の漢字 供給　gōng jǐ ゴンジー

供	给		

jì ジー		
继		

相続する、継承する 日本の漢字 継承　jì chéng ジーチョン

继	承		

lǜ リュイ		
绿		

緑色 日本の漢字 緑色　lǜ sè リュイソォ

绿	色		

jì ジー		
绩		

成绩 日本の漢字 成績　chéng jì チョンジー

成	绩		

第2章　へんやつくりを略す

29

页（頁） おおがい

レッスン 2

おおがいは、「頁」が「页」に略されました。

繁体字 順
日本の漢字 順

shùn シゥン

動 方向を揃える、服従する **介** ～に沿って

"**孝順** xiào shùn シァオシゥン"は「親孝行する、親孝行だ」、"**順利** shùn lì シゥンリー"は「順調」、"**順序** shùn xù シゥンシュイ"は「順序」という意味。道案内のときに言う「～に沿って」は"**順着** shùn zhe シゥンジョ"となります。

繁体字 須
日本の漢字 須

xū シュイ

「～しなければならない」という助動詞。"**须要** xū yào シュイヤオ"は「必ず～しなければならない」です。

繁体字 預
日本の漢字 預

yù ユィ

「あらかじめ、事前に」という副詞。"**预约** yù yuē ユィユェ"は「予約する」という意味です（⇒P.26、"**约**"）。

繁体字 煩
日本の漢字 煩

fán ファン

「煩わしい、うるさい」という形容詞。"**麻烦** má fan マーファン"は「手数をかける」という意味です。

繁体字 顧
日本の漢字 顧

gù グー

「世話をする、振りかえって見る」という動詞。"**照顾** zhào gù ジァオグー"は「面倒をみる」です。

繁体字 頓
日本の漢字 頓

dùn ドゥン

動 ちょっと止まる **副** 突然 **名** 食事、叱責の量詞

"**停顿** tíng dùn ティンドゥン"は「中断する」、"**整顿** zhěng dùn ジョンドゥン"は「整頓する」。"**顿时** dùn shí ドゥンシー"は「直ちに、急に」という意味（⇒P.20、"**时**"）。"**一顿饭** yí dùn fàn イードゥンファン"は「一食」を表します（⇒P.42、"**饭**"）。

繁体字 題
日本の漢字 題

tí ティ

「問題、題目」という名詞。"**问题** wèn tí ウェンティ"は「問題」、"**话题** huà tí フゥアティ"は「話題」（⇒P.40、"**话**"）。

繁体字 顔
日本の漢字 顔

yán イエン

「色、カラー、顔、表情」という意味がある名詞。"**笑颜** xiào yán シァオイエン"は「笑顔」という意味です。

文字や単語、フレーズを書いてみよう！

shùn シゥン

順

xū シュイ

须

yù ユィ

预

fán ファン

烦

gù グー

顾

dùn ドゥン

顿

tí ティ

题

yán イエン

颜

親孝行する、親孝行だ　日本の漢字 孝順　xiào shùn シアオシゥン

孝順

必ず〜しなければならない　日本の漢字 須要　xū yào シュイヤオ

须要

予約する　日本の漢字 預約　yù yuē ユィユェ

预约

手数をかける　日本の漢字 麻煩　má fan マーファン

麻烦

面倒をみる　日本の漢字 照顧　zhào gù ジアオグー

照顾

中断する　日本の漢字 停頓　tíng dùn ティンドゥン

停顿

問題　日本の漢字 問題　wèn tí ウェンティ

问题

笑顔　日本の漢字 笑顔　xiào yán シアオイエン

笑颜

"題目 tí mù ティムー"は「テーマ」のことだよ。

第2章　へんやつくりを略す

31

レッスン 3　贝（貝）　かいへん・かい・こがい

かいへん・かい・こがいは、「貝」が「贝」に略されました。

則（繁体字）則（日本の漢字）

zé ゼォ

接 〜すれば　名 規則、規範

"原则 yuán zé ユェンゼォ"は「原則」、"规则 guī zé グゥイゼォ"は「規則」（⇒P.46、"规"）、"否则 fǒu zé フォウゼォ"は「さもないと」という意味です。接続詞としての用法は主に書き言葉で使い、口語ではあまり使いません。

負（繁体字）負（日本の漢字）

fù フー

「引き受ける、負ける、借金がある」という動詞。"负责 fù zé フーゼォ"は「責任を負う」という意味です。

員（繁体字）員（日本の漢字）

yuán ユェン

「人員、組織の構成メンバー」という名詞。"职员 zhí yuán ジーユェン"は「職員」です（⇒P.86、"职"）。

購（繁体字）購（日本の漢字）

gòu ゴウ

動 買う、購入する

右側のつくりは似た発音の"勾 gōu ゴウ"に入れ換わりました。"购物 gòu/wù ゴウウー"は「ショッピング」という意味です。同じ方法で略した字に"沟 gōu ゴウ（溝）"「みぞ」、"构（構）gòu ゴウ"「組み立てる」があります。

貨（繁体字）貨（日本の漢字）

huò フゥオ

名詞「品物、商品」。"货物 huò wù フゥオウー"は「商品」、"杂货 zá huò ザァフゥオ"は「雑貨」（⇒P.58）。

質（繁体字）質（日本の漢字）

zhì ジー

字の上半分の形も異なります。「品質、性質、物質」という名詞。"质量 zhì liàng ジーリァン"は「品質」です。

敗（繁体字）敗（日本の漢字）

bài バイ

「負ける、失敗する」という動詞。"失败 shī bài シーバイ"は「失敗する」のほか、「敗北する」の意味も。

貴（繁体字）貴（日本の漢字）

guì グゥイ

「値段が高い、貴重な」という形容詞。"珍贵 zhēn guì ジェングゥイ"は「貴重だ」という意味です。

文字や単語、フレーズを書いてみよう！

zé ゼヲ
則

fù フー
负

yuán ユェン
员

gòu ゴウ
购

huò フゥオ
货

zhì ジー
质

bài バイ
败

guì グゥイ
贵

原則　日本の漢字 原則　yuán zé ユェンゼヲ
原 则

責任を負う　日本の漢字 負責　fù zé フーゼヲ
负 责

職員　日本の漢字 職員　zhí yuán ジーユェン
职 员

ショッピング　日本の漢字 購物　gòu/wù ゴウウー
购 物

商品　日本の漢字 貨物　huò wù フゥオウー
货 物

品質　日本の漢字 質量　zhì liàng ジーリァン
质 量

失敗する、敗北する　日本の漢字 失敗　shī bài シーバイ
失 败

"贵 guì グゥイ"の反義語は"便宜 pián yi ピェンイ"「安い」だよ。

貴重だ　日本の漢字 珍貴　zhēn guì ジェングゥイ
珍 贵

第2章　へんやつくりを略す

费 fèi フェイ

繁体字 費
日本の漢字 費

名 費用　**動** 費やす

"**免费**miǎn/fèi ミェンフェイ"は「無料」、"**收费**shōu/fèi シォウフェイ"は「有料」を表します（⇒P.132、"**收**"）。"**费用**fèi yòng フェイヨン"は「費用」、"**学费**xué fèi シュエフェイ"は「学費」、"**浪费**làng fèi ラァンフェイ"は「浪費する」という意味です。

贺 hè フォ

繁体字 賀
日本の漢字 賀

動 祝う

"**祝贺**zhù hè ジゥフォ"は「お祝いを言う」、"**贺年片**hè nián piàn フォニェンピェン"は「年賀状」という意味です。祝福の言葉「おめでとう！」は、口語の場合"**恭喜**gōng xǐ ゴンシー"。"**贺卡**hè kǎ フォカー"は「（お祝い用の）グリーティングカード」です。

资 zī ズー

繁体字 資
日本の漢字 資

「財物、費用」という名詞。"**资料**zī liào ズーリァオ"は「データ」を表し、「必需品」の意味もあります。

惯 guàn グアン

繁体字 慣
日本の漢字 慣

「慣れる」という動詞。"**习惯**xí guàn シーグアン"は「習慣」を表し、「慣れる」という動詞の意味もあります。

赛 sài サイ

繁体字 賽
日本の漢字 賽

「競う、試合をする」という動詞。"**比赛**bǐ sài ビーサイ"は「試合、試合をする」という意味です。

赚 zhuàn ジァン

繁体字 賺
日本の漢字 賺

動詞「もうける、もうかる」。"**赚钱**zhuàn/qián ジァンチェン"は「金もうけをする」です（⇒P.36、"**钱**"）。

赢 yíng イン

繁体字 贏
日本の漢字 贏

動 勝つ

"**赢得**yíng dé インドォ"は「勝ち取る」という意味です。"**赢家**yíng jiā インジア"は「勝者」、"**输赢**shū yíng シゥイン"は「勝ち負け」となります。反義語は"**输**shū シゥ"「負ける」です（⇒P.14、"**输**"）。

中国語で「勝つ」と言うときは、多くの場合、"**赢**yíng イン"を単独で使うよ。

fèi フェイ

費

無料 日本の漢字 免費 miǎn/fèi ミェンフェイ

免費

hè フゥ

賀

お祝いを言う 日本の漢字 祝賀 zhù hè ジゥフゥ

祝賀

zī ズー

资

データ、必需品 日本の漢字 資料 zī liào ズーリァオ

资料

guàn グアン

惯

習慣、慣れる 日本の漢字 習慣 xí guàn シーグアン

习惯

sài サイ

赛

試合、試合をする 日本の漢字 比賽 bǐ sài ビーサイ

比赛

zhuàn ジァン

赚

金もうけをする 日本の漢字 賺錢 zhuàn/qián ジァンチェン

赚钱

yíng イン

赢

勝ち取る 日本の漢字 贏得 yíng dé インドゥ

赢得

第2章 へんやつくりを略す

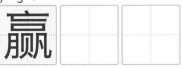
"工资gōng zī ゴンズー"は「給料」、"资格zī gé ズーグゥ"は「資格、キャリア」という意味だよ。

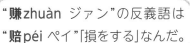
"赚zhuàn ジァン"の反義語は"赔péi ペイ"「損をする」なんだ。

レッスン 4　钅(金)　かねへん

かねへんは、「金」が「钅」に略されました。

zhēn ジェン

繁体字　針
日本の漢字　針

名 針、針状のもの　　**量** ひと針、ひと縫い

"**方针** fāng zhēn ファンジェン"は「方針」、"**针灸** zhēn jiǔ ジェンジィオ"は「鍼灸」、"**别针** bié zhēn ビエジェン"は「安全ピン」という意味です。ちなみに、「注射を打つ」は"**打针** dǎ/zhēn ダージェン"です。

钥

yào ヤオ

繁体字　鑰
日本の漢字　鑰

「鍵」という名詞。"**钥匙** yào shi ヤオシ"は「鍵、キー」です。「錠」のことは"**锁** suǒ"スオと言います。

铁

tiě ティエ

繁体字　鐵
日本の漢字　鉄

「鉄」という名詞。"**铁路** tiě lù ティエルー"は「鉄道」、"**地铁** dì tiě ディティエ"は「地下鉄」を表します。

钱

qián チェン

繁体字　錢
日本の漢字　銭

名 お金

一般的に中国語で「お金」を表すときは、この"**钱** qián"を用います。"**零钱** líng qián リィンチェン"は「小銭」、"**换钱** huàn/qián ホアンチェン"は「両替する」という意味です（⇒P.146、"**换**"）。

铅

qiān チェン

繁体字　鉛
日本の漢字　鉛

右の上半分は「八」ではないので注意。名詞「鉛」で"**铅笔** qiān bǐ チェンビー"は「鉛筆」です（⇒P.72、"**笔**"）。

错

cuò ツオ

繁体字　錯
日本の漢字　錯

「間違っている、悪い」という形容詞。"**不错** bú cuò ブーツオ"は「なかなかよい、悪くない」です。

银

yín イン

繁体字　銀
日本の漢字　銀

名 銀、貨幣に関連のあるもの　　**形** 銀色の

左側のへんの縦棒は、日本語の漢字とは異なり、下でそのままはねます。"**银行** yín háng インハァン"は「銀行」、"**收银台** shōu yín tái シォウインタイ"は「レジカウンター」という意味です（⇒P.132、"**收**"）。

文字や単語、フレーズを書いてみよう！

zhēn ジェン

针

方針 日本の漢字 方針　fāng zhēn ファンジェン

方 针

yào ヤオ

钥

鍵、キー 日本の漢字 鑰匙　yào shi ヤオシ

钥 匙

tiě ティエ

铁

鉄道 日本の漢字 鉄路　tiě lù ティエルー

铁 路

qián チェン

钱

小銭 日本の漢字 零銭　líng qián リィンチェン

零 钱

qiān チェン

铅

鉛筆 日本の漢字 鉛筆　qiān bǐ チェンビー

铅 笔

cuò ツオ

错

なかなかよい、悪くない 日本の漢字 不錯　bú cuò ブーツオ

不 错

yín イン

银

銀行 日本の漢字 銀行　yín háng インハァン

银 行

第2章 へんやつくりを略す

"多少钱 duō shao qián? ドゥオ
シァオチェン"は「いくらですか？」
という言い方だよ。

レッスン 5　　讠（言）　ごんべん

ごんべんは、「言」が「讠」に略されました。

jì ジー

繁体字　計
日本の漢字　計

動 計算する、計画する　名 考え、計器

"**计算** jì suàn ジースァン"「計算する」、"**设计** shè jì ショジー"「設計する、デザイン」、"**计划** jì huà ジーフゥア"「計画」など、日本語と同じ語彙が多いです。"**估计** gū jì グージー"は「見積もる」という意味です。

---

jì ジー

繁体字　記
日本の漢字　記

「書き物、記号」という名詞。"**日记** rì jì リージー"は「日記」です。動詞「覚える、記載する」でもあります。

---

tǎo タオ

繁体字　討
日本の漢字　討

「招く、探求する、討論する」という動詞。"**讨论** tǎo lùn タオルゥン"は「論議する」です（⇒P.114、"**论**"）。

---

jiǎng ジァン

繁体字　講
日本の漢字　講

動詞「話す、説明する、相談する」。"**讲话** jiǎng/huà ジァンフゥア"は「話をする」です（⇒P.40、"**话**"）。

---

xǔ シュイ

繁体字　許
日本の漢字　許

「許可する」という動詞。"**不许** bù xǔ ブーシュイ"は「～してはいけない」という意味です。

识

shí シー

繁体字　識
日本の漢字　識

名 見識　動 知っている

"**常识** cháng shí チャンシー"「常識」、"**识字** shí zì シーズー"「字が読める（字を知っている）」は第２声。"**知识** zhī shi ジーシ"「知識」、"**认识** rèn shi レンシ"「知っている」は軽声。名詞、動詞とも２つの発音があります。このように中国語の文字は２文字の語彙になると、発音が軽声に変わることがあります。

---

sù スー

繁体字　訴
日本の漢字　訴

「告げる、述べる」という動詞。"**告诉** gào su ガオス"は「知らせる」という意味です。

---

cí ツー

繁体字　詞
日本の漢字　詞

名詞「単語、せりふ」。"**词典** cí diǎn ツーディエン"「辞書」、"**单词** dān cí ダンツー"「単語」（⇒P.128、"**单**"）。

文字や単語、フレーズを書いてみよう！

jì ジー
计

計算する　日本の漢字 計算　jì suàn ジースァン
计算

jì ジー
记

日記　日本の漢字 日記　rì jì リージー
日记

tǎo タオ
讨

論議する　日本の漢字 討論　tǎo lùn タオルゥン
讨论

jiǎng ジアン
讲

話をする　日本の漢字 講話　jiǎng/huà ジアンフゥア
讲话

xǔ シュイ
许

～してはいけない　日本の漢字 不許　bù xǔ ブーシュイ
不许

shí シー
识

常識　日本の漢字 常識　cháng shí チァンシー
常识

知識　日本の漢字 知識　zhī shi ジーシ
知识

sù スー
诉

知らせる　日本の漢字 告訴　gào su ガオス
告诉

cí ツー
词

辞書　日本の漢字 詞典　cí diǎn ツーディエン
词典

第2章　へんやつくりを略す

39

証 繁体字 **證** 日本の漢字 **証** zhèng ジョン	動詞「証明する」で、"**保証**bǎo zhèng バオジョン"は「保証する」。名詞「証拠、証明書」でもあります。
评 繁体字 **評** 日本の漢字 **評** píng ピィン	「批評する」という動詞で、"**批评**pī píng ピーピィン"は「叱る」。「評論」という名詞でもあります。

说 繁体字 **說** 日本の漢字 **説** shuō シゥオ

動 言う、話す　名 主張

「話す」は"**话**huà フゥア"ではなく、"**说**shuō シゥオ"です。"**说话** shuō/huà シゥオフゥア"は「話をする」、"**说明**shuō míng シゥオミィン"は「説明する」、"**小说**xiǎo shuō シァオシゥオ"は「小説」という意味です。

话 繁体字 **話** 日本の漢字 **話** huà フゥア	「話、ことば、言語」という名詞。"**笑话**xiào hua シァオフゥア"は「笑い話」という意味です。
试 繁体字 **試** 日本の漢字 **試** shì シー	「試みる、試験する」という動詞。"**试穿**shì chuān シーチァン"は「試着する」という意味です。
语 繁体字 **語** 日本の漢字 **語** yǔ ユィ	「ことば、言語、ことわざ」という名詞。"**汉语**Hàn yǔ ハンユィ"は「中国語」という意味です(⇒P.104、"**汉**")。
课 繁体字 **課** 日本の漢字 **課** kè クォ	「授業、科目」という名詞で"**课本**kè běn クォベン"は「教科書」です。科目名は"**～课**"と表します。

请 繁体字 **請** 日本の漢字 **請** qǐng チィン

動 頼む、お願いする

英語の「please」にあたります。「"**请**qǐng チィン"＋動詞」で「～してください」になり、"**请坐**Qǐng zuò。チィンズオ"は「お座りください」となります。"**邀请**yāo qǐng ヤオチィン"は「招待する」という意味です。

调 繁体字 **調** 日本の漢字 **調** diào ディアオ tiáo ティアオ

動 移動する、調べる、調節する　名 アクセント、メロディー

"**调查**diào chá ディアオチァ"は「調査する」、"**声调**shēng diào シォンディアオ"は「四声」(⇒P.9)。もう一つの発音"tiáo ティアオ"は「調節する」の意で、"**调整**tiáo zhěng ティアオジョン"は「調整する」という意味です。

zhèng ジョン

证

保証する 日本の漢字 保証 bǎo zhèng バオジョン

保证

píng ピィン

评

叱る 日本の漢字 批評 pī píng ピーピィン

批评

shuō シゥオ

说

話をする 日本の漢字 説話 shuō/huà シゥオフゥア

说话

huà フゥア

话

笑い話 日本の漢字 笑話 xiào hua シァオフゥア

笑话

shì シー

试

試着する 日本の漢字 試穿 shì chuān シーチァン

试穿

yǔ ユィ

语

中国語 日本の漢字 漢語 Hàn yǔ ハンユィ

汉语

kè クォ

课

教科書 日本の漢字 課本 kè běn クォベン

课本

qǐng チィン

请

お座りください。 日本の漢字 請坐 Qǐng zuò チィンズオ

请坐。 。

diào ディアオ

调

調査する 日本の漢字 調査 diào chá ディアオチァ

调查

tiáo ティアオ

调

調節する 日本の漢字 調整 tiáo zhěng ティアオジョン

调整

第2章 へんやつくりを略す

レッスン6 饣（食） しょくへん

しょくへんは、「食」が「饣」に略されました。

飯 fàn ファン

繁体字 **飯**
日本の漢字 **飯**

名 **ご飯、食事**

繁体字、簡体字、日本の漢字のいずれも、"反fǎn"ファンの発音を元とした形声文字です（⇒P.77、第5章）。"饭店fàn diàn ファンディエン"は「ホテル」、"早饭zǎo fàn ザオファン"は「朝食」という意味です。

饮 yǐn イン

繁体字 **飲**
日本の漢字 **飲**

「飲み物」という名詞。"冷饮lěng yǐn ラゥィンイン"は「冷たい飲み物」という意味です。

饱 bǎo バオ

繁体字 **飽**
日本の漢字 **飽**

形容詞「満腹だ」。"吃饱了Chī bǎo le。チーバオラゥ"は「お腹がいっぱいです」という表現です。

饰 shì シー

繁体字 **飾**
日本の漢字 **飾**

名詞「装飾品」、動詞「飾る」。"首饰shǒu shì シォウシー"は「アクセサリー」という意味です。

饺 jiǎo ジャオ

繁体字 **餃**
日本の漢字 **餃**

「ギョウザ」という名詞。"水饺shuǐ jiǎo シゥイジァオ"は「水ギョウザ」を表します。

饼 bǐng ビィン

繁体字 **餅**
日本の漢字 **餅**

名 **こねた小麦粉を薄く円盤状に延ばし、焼くか蒸すかしてつくった食べ物の総称**

"饼干bǐng gān ビィンガン"は「ビスケット」（⇒P.92、"干"）、"月饼yuè bing ユエビィン"は「月餅（げっぺい・中秋節に食べる中国菓子）」を表します。ちなみに、日本の「お餅」のことは"年糕nián gāo ニェンガオ"と言います。

馆 guǎn グアン

繁体字 **館**
日本の漢字 **館**

名 **公共の施設**

多くの人が利用して、活動する大きな建物。"饭馆fàn guǎn ファングアン"は「レストラン」、"宾馆bīn guǎn ビィングアン"は「ホテル」（⇒P.84、"宾"）、"图书馆tú shū guǎn トゥシゥグアン"は「図書館」です。

文字や単語、フレーズを書いてみよう！

fàn ファン

饭

ホテル　日本の漢字 飯店　fàn diàn ファンディエン

饭店

yǐn イン

饮

冷たい飲み物　日本の漢字 冷飲　lěng yǐn ラゥンイン

冷饮

bǎo バオ

饱

お腹がいっぱいです。　日本の漢字 吃飽了　Chī bǎo le チーバオラゥ

吃饱了。　　　　　　　　　　　。

shì シー

饰

アクセサリー　日本の漢字 首飾　shǒu shì シォウシー

首饰

jiǎo ジァオ

饺

水ギョウザ　日本の漢字 水餃　shuǐ jiǎo シゥイジァオ

水饺

bǐng ビィン

饼

ビスケット　日本の漢字 餅干　bǐng gān ビィンガン

饼干

guǎn グアン

馆

「弁当」のことは"盒饭 hé fàn フォファン"と言うよ。

レストラン　日本の漢字 飯館　fàn guǎn ファングアン

饭馆

第2章　へんやつくりを略す

43

レッスン 7　冫（冫・冫） にすい

「冫」が「冫」に略されることもあります。

冰 bīng ビィン
繁体字 冰
日本の漢字 氷

「氷」という名詞。"**冰箱** bīng xiāng ビィンシァン"は「冷蔵庫」です。

决 jué ジュエ
繁体字 決
日本の漢字 決

「確定する」という動詞。"**决定** jué dìng ジュエディン"は「決める」という意味です。

冲 chōng チォン
繁体字 沖・衝
日本の漢字 沖・衝

動 水で押し流す、激しくぶつかる　名 要衝

"沖"と"衝"の異なる2文字が"冲"にまとまりました（⇒P.91、第6章）。"**冲动** chōng dòng チォンドン"は「興奮する」（⇒P.116、"动"）、"**冲洗** chōng xǐ チォンシー"は「水で洗い流す」という意味です。

况 kuàng クゥアン
繁体字 況
日本の漢字 況

「状況」という名詞で"**盛况** shèng kuàng シォンクゥアン"は「盛況」。接続詞「まして」でもあります。

净 jìng ジィン
繁体字 淨
日本の漢字 浄

「清潔だ」という形容詞。"**干净** gān jìng ガンジィン"は「清潔だ」です（⇒P.92、"干"）。

凉 liáng リァン
繁体字 涼
日本の漢字 涼

「涼しい、冷たい」という形容詞。"**凉快** liáng kuai リァンクアイ"は「涼しい」です。

减 jiǎn ジェン
繁体字 減
日本の漢字 減

「減らす、差し引く、衰える」という動詞。"**减肥** jiǎn/féi ジェンフェイ"は「ダイエットする」です。

冷 lěng ラォン
繁体字 冷
日本の漢字 冷

形 寒い、冷たい、人気がない

右側の「令」の部分に注意しましょう（⇒P.126、"今"）。"**冷气** lěng qì ラォンチー"は「冷房」、"**寒冷** hán lěng ハンラォン"は「寒い」という意味。反義語は"**热** rè ルヲ"「暑い、熱い」です（⇒P.146、"热"）。

文字や単語、フレーズを書いてみよう！

bīng ビィン
冰

冷蔵庫 日本の漢字 氷箱　bīng xiāng ビィンシァン
冰箱

jué ジュエ
决

決める 日本の漢字 決定　jué dìng ジュエディン
决定

chōng チォン
冲

興奮する 日本の漢字 衝動　chōng dòng チォンドン
冲动

kuàng クゥアン
况

盛況 日本の漢字 盛況　shèng kuàng シォンクゥアン
盛况

jìng ジィン
净

清潔だ 日本の漢字 干浄　gān jìng ガンジィン
干净

liáng リァン
凉

涼しい 日本の漢字 涼快　liáng kuai リァンクアイ
凉快

jiǎn ジェン
减

ダイエットする 日本の漢字 減肥　jiǎn/féi ジェンフェイ
减肥

lěng ラゥン
冷

"冰淇淋 bīng qí lín ビィンチーリン" は「アイスクリーム」だよ。

冷房 日本の漢字 冷気　lěng qì ラゥンチー
冷气

第2章 へんやつくりを略す

45

见（見）みる

みるは、「見」が「见」に略されました。

xiàn シェン

繁体字 現
日本の漢字 現

名 現在、現金　動 現れる　副 その場で

"**現金** xiàn jīn シェンジン"は「現金」、"**出現** chū xiàn チゥシェン"は「現れる」という意味です。中国語の"**現在** xiàn zài シェンザイ"「今、現在」は、日本語の「現在」より意味が広く「これから」の意味でも使えます。

视
shì シー

繁体字 視
日本の漢字 視

「見る、～と見なす」という動詞。"**电视** diàn shì ディエンシー"は「テレビ」です（⇒P.56、"**电**"）。

规
guī グゥイ

繁体字 規
日本の漢字 規

名詞「規則、しきたり、コンパス」。"**規則** guī zé グゥイゼゥ"は「ルール、規則」です（⇒P.32、"**則**"）。

觉
jué ジュエ
jiào ジャオ

繁体字 覺
日本の漢字 覚

動 感じる、覚める　名 眠り、睡眠

発音が2種類あります。"jué ジュエ"は動詞「感じる、覚める」で"**覚得** jué de ジュエドゥ"は「～と思う」を表します。"jiào ジャオ"は名詞「眠り」で"**午觉** wǔ jiào ウージャオ"は「昼寝」という意味です。

---

kuān クアン

繁体字 寬
日本の漢字 寬

形 幅が広い、ゆとりがある　名 幅、広さ

"**寛大** kuān dà クアンダー"は「寛大だ」。"**寬度** kuān dù クアンドゥ"は「幅」で「金銭に余裕がある」の意味でも使います。反義語は"**窄** zhǎi ジャイ"「狭い」です。

---

guān グアン

繁体字 觀
日本の漢字 觀

動 眺める　名 見方

"**观光** guān guāng グァングゥアン"は「観光する」、"**参观** cān guān ツァングゥアン"は「見学する」という意味です。"**欢** huān ホアン"（歓）（⇒P.104、"**欢**"）と似ているので注意。

文字や単語、フレーズを書いてみよう！

xiàn シェン
現

現金　日本の漢字 現金　xiàn jīn シェンジン
現　金

shì シー
視

テレビ　日本の漢字 電視　diàn shì ディエンシー
电　视

guī グゥイ
规

ルール、規則　日本の漢字 規則　guī zé グゥイゼゥ
规　则

jué ジュエ
觉

～と思う　日本の漢字 覚得　jué de ジュエドゥ
觉　得

jiào ジァオ
觉

昼寝　日本の漢字 午覚　wǔ jiào ウージァオ
午　觉

kuān クアン
宽

寛大だ　日本の漢字 寛大　kuān dà クアンダー
宽　大

guān グアン
观

観光する　日本の漢字 観光　guān guāng グアングゥアン
观　光

第2章

へんやつくりを略す

"视频shì pín シーピン"は、ネット
用語の「動画」のことだよ。

门（門）　もんがまえ

もんがまえは、「門」が「门」に略されました。

繁体字　們

日本の漢字　們

men メン

名 ～たち

人称代名詞もしくは名詞の後ろに置き、複数の人を表します。"**我们** wǒ men ウォメン" は「私たち」、"**你们** nǐ men ニーメン" は「あなたたち」（⇒P.134、"**你**"）、"**他们** tā men ターメン" は「彼ら」です。

繁体字　問

日本の漢字　問

wèn ウェン

「問う、見舞う、追究する」という動詞。"**访问** fǎng wèn ファンウェン" は「訪問する」です。

繁体字　間

日本の漢字　間

jiān ジェン
jiàn ジェン

「部屋」という名詞で "**房间** fáng jiān ファンジェン" は「部屋」を表します。部屋を数える量詞にもなります。

繁体字　鬧

日本の漢字　鬧

nào ナオ

形容詞「騒々しい」。"**闹市** nào shì ナオシー" は「繁華街」、"**热闹** rè nao ルォナオ" は「にぎやか」（⇒P.146、"**热**"）。

繁体字　閱

日本の漢字　閱

yuè ユェ

「文章を読む、検閲する」という動詞。"**阅览室** yuè lǎn shì ユェランシー" は「閲覧室」です（⇒P.106、"**览**"）。

繁体字　聞

日本の漢字　聞

wén ウェン

動 聞く、嗅ぐ　名 消息

"**新闻** xīn wén シンウェン" は「ニュース」、"**见闻** jiàn wén ジェンウェン" は「見聞」、"**闻名** wén míng ウェンミィン" は「名が知れわたる」という意味です。ちなみに「新聞」は "**报纸** bào zhǐ バオジー" です（⇒P.146、"**报**" ／ P.26、"**纸**"）。

繁体字　閒

日本の漢字　閑

xián シェン

名 暇　形 暇だ

"**空闲** kòng xián コンシェン" は「暇」、"**休闲** xiū xián シィオシェン" は「のんびり過ごす」という意味です。反義語は "**忙** máng マァン"「忙しい」です。

文字や単語、フレーズを書いてみよう！

men メン

们

私たち 日本の漢字 我們 wǒ men ウォメン

我们

wèn ウェン

问

訪問する 日本の漢字 訪問 fǎng wèn ファンウェン

访问

jiān ジェン

间

部屋 日本の漢字 房間 fáng jiān ファンジェン

房间

nào ナオ

闹

繁華街 日本の漢字 鬧市 nào shì ナオシー

闹市

yuè ユェ

阅

閲覧室 日本の漢字 閲覧室 yuè lǎn shì ユェランシー

阅览室

wén ウェン

闻

ニュース 日本の漢字 新聞 xīn wén シンウェン

新闻

xián シェン

闲

暇 日本の漢字 空閑 kòng xián コンシェン

空闲

"请问 qǐng wèn チィンウェン"は「お尋ねします」、"问好 wèn/hǎo ウェンハオ"は「よろしく言う」という表現だよ。

また"间"は"jiàn ジェン"と第4声で発音することもあるんだ。そのときは「すきま、間（あいだ）」という意味になるよ。

49

おさらいドリル2

1 日本の漢字を簡体字で書いて、中国語の意味と線でつなげましょう。

日本の漢字	簡体字	中国語の意味

① 線　（　　　　　）・　　　　　　　　　・お金

② 購　（　　　　　）・　　　　　　　　　・糸、糸状のもの、線

③ 銭　（　　　　　）・　　　　　　　　　・満腹だ

④ 請　（　　　　　）・　　　　　　　　　・買う、購入する

⑤ 飽　（　　　　　）・　　　　　　　　　・氷

⑥ 氷　（　　　　　）・　　　　　　　　　・眺める、見方

⑦ 観　（　　　　　）・　　　　　　　　　・部屋

⑧ 間　（　　　　　）・　　　　　　　　　・頼む、お願いする

答え へんやつくりがどう省略されているのか、確認しましょう。

1 ① 线：糸、糸状のもの、線　② 购：買う、購入する　③ 钱：お金
④ 请：頼む、お願いする　⑤ 饱：満腹だ　⑥ 冰：氷　⑦ 观：眺める、見
方　⑧ 间：部屋

2 日本の漢字を簡体字で書いて、日本語に訳してみましょう。

日本の漢字	簡体字	中国語の意味

① 年紀　（　　　　　）➡（　　　　　　　　　　）

② 須要　（　　　　　）➡（　　　　　　　　　　）

③ 負責　（　　　　　）➡（　　　　　　　　　　）

④ 方針　（　　　　　）➡（　　　　　　　　　　）

⑤ 講話　（　　　　　）➡（　　　　　　　　　　）

⑥ 飯店　（　　　　　）➡（　　　　　　　　　　）

⑦ 午覚　（　　　　　）➡（　　　　　　　　　　）

⑧ 新聞　（　　　　　）➡（　　　　　　　　　　）

答え "纪 jì ジー"は、「規律、年月」という意味の名詞です。

2 ① **年纪**：年齢　② **须要**：必ず〜しなければならない　③ **负责**：責任を負う　④ **方针**：方針　⑤ **讲话**：話をする　⑥ **饭店**：ホテル　⑦ **午觉**：昼寝　⑧ **新闻**：ニュース

第2章

へんやつくりを略す

コラム❸

漢字の種類2　指事文字

　指事文字は、具体的な形がない抽象的なものを、点や線で示した図をもとにつくられた字です。指事文字の数は最も少ないです。

❶ "一yī イー"「(数の)一」

一画の画数で、「(数の)一」を表しています。

❷ "上 shàng シャン"「上」

甲骨文や金文の横棒の上に線をつけることで、「上」の意味を表しています。

甲骨文　　　金文　　　小篆　　　繁体/簡体

❸ "中 zhōng ジォン"「中」

口を縦のラインで貫いて、「なか・うち」の意味を表しています。

甲骨文　　　金文　　　小篆　　　繁体/簡体

❹ "下 xià シア"「下」

横棒の下に線をつけることで、「下」の意味を表しています。

甲骨文　　　金文　　　小篆　　　繁体/簡体

なかには、象形文字に点や線を加えてつくられた指事文字もあります。

❺ "本 běn ベン"「本(もと)」

「木」の根元に「一」を加えて、「もと」という意味を表しています。

甲骨文　　　金文　　　小篆　　　繁体/簡体

第**3**章

繁体字の一部を残す

繁体字から特徴的な部分を抜き出した簡体字を練習しましょう。例えば
"醫"（医者の「医」の字）は日本語も簡体字も"医"。日本語の漢字と簡体字
で共通する場合もあります。

繁体字		簡体字
廣		广 guǎng グゥアン
習		习 xí シー
電		电 diàn ディエン
豐		丰 fēng フヲン
離		离 lí リー
聲		声 shēng シヲン

レッスン 1 儿（児）・个（個）・电（電）・气（気）など

"儿"は"兒"の下の部分を抜き出しています。

ér アル

繁体字 兒
日本の漢字 児

名 子ども、児童

"**儿子** ér zi アルズ"は「息子」、"**女儿** nǚ ér ニュイアル"は「娘」。「アール化」の接尾語としても使い、名詞のほか、動詞にもつけます。"**这儿** zhèr ジョアル"「ここ」（⇒P.144、"**这**"）、"**玩儿** wánr ワーアル"は「遊ぶ」という意味です。

gè グォ
ge グォ

繁体字 個
日本の漢字 個・箇

名 大きさ **形** 単独の **量** ～個

"**个子** gè zi グォズ"は「身長」、"**个性** gè xìng グォシィン"は「個性」、"**个人** gè rén グォレン"は「個人」を表します。量詞として使う場合は、軽声で発音します。"**哪个** nǎ ge ナーグォ"は「どれ」です（⇒P.134、"**哪**"）。

fēi フェイ

繁体字 飛
日本の漢字 飛

「飛ぶ、漂う」という動詞。"**飞机** fēi jī フェイジー"は「飛行機」という意味です（⇒P.92、"**机**"）。

guǎng グゥアン

繁体字 廣
日本の漢字 広

「広い、普遍的だ」という形容詞。"**广告** guǎng gào グゥアンガオ"は「広告」という意味です。

xí シー

繁体字 習
日本の漢字 習

「習う」という動詞。"**复习** fù xí フーシー"は「復習する」。「習慣」という名詞でもあります（⇒P.62、"**复**"）。

xiāng シァン

繁体字 鄉・鄉
日本の漢字 郷

「故郷、農村、いなか」という名詞。"**故乡** gù xiāng グーシァン"は「ふるさと」という意味です。

"**飞行** fēi xíng フェイシィン"は「飛行する」、"**起飞** qǐ fēi チーフェイ"は「離陸する」だよ。

"**预习** yù xí ユィシー"は「予習する」、"**学习** xué xí シュエシー"は「学習する」という意味だから、日本語とほぼ同じだね。

文字や単語、フレーズを書いてみよう！

ér アル
儿

息子 日本の漢字 児子 ér zi アルズ
儿子

gè グォ
个

身長 日本の漢字 個子 gè zi グォズ
个子

ge グォ
个

どれ 日本の漢字 ＝個 nǎ ge ナーグォ
哪个

fēi フェイ
飞

飛行機 日本の漢字 飛機 fēi jī フェイジー
飞机

guǎng グゥアン
广

広告 日本の漢字 広告 guǎng gào グゥアンガオ
广告

xí シー
习

復習する 日本の漢字 復習 fù xí フーシー
复习

xiāng シァン
乡

ふるさと 日本の漢字 故郷 gù xiāng グーシァン
故乡

"乡下 xiāng xia シァンシア"は「田舎」。「都会」のことは"城市 chéng shì チョンシー"、または"都市 dū shì ドゥシー"と言うよ。

55

kāi カイ 繁体字 開 / 日本の漢字 開

動 開く、始める、（スイッチを）つける

「もんがまえ」が取り外されました。**"开始kāi shǐ カイシー"** は「始める」、**"开玩笑kāi wán xiào カイワンシァオ"** は「冗談を言う」という意味です。反義語の **"关guān グアン"** 「閉める、スイッチを切る」も同じ簡略化をしています。

---

bì ビー 繁体字 幣 / 日本の漢字 幣

「貨幣」という名詞。**"人民币Rén mín bì レンミンビー"** は「人民元」を表します。

yún ユィン 繁体字 雲 / 日本の漢字 雲

「雲」という名詞。**"云彩yún cai ユィンツァイ"** は「雲」（⇒P.116、**"云"** のパーツに入れ替え）を表します。

diàn ディエン 繁体字 電 / 日本の漢字 電

名 電気　動 感電する

"电话diàn huà ディエンフゥア" は「電話」（⇒P.40、**"话"**）、**"电脑diàn nǎo ディエンナオ"** は「パソコン」（⇒P.146、**"脑"**）。ちなみに、「（電話を）かける」「（パソコンを）入力する」は **"打dǎ ダー"** と表現します。

---

qì チー 繁体字 氣 / 日本の漢字 気

「気体、天気、力」という名詞。**"天气tiān qì ティエンチー"** は「天気」という意味です（⇒P.126、**"天"**）。

fēng フォン 繁体字 豐 / 日本の漢字 豊

「豊かだ、多い」という形容詞。**"丰富fēng fù フォンフー"** は「豊かだ」という意味です。

---

wù ウー 繁体字 務 / 日本の漢字 務

名 務め、業務　動 従事する

右側のパーツが残りました。横棒とひだり払いはつなげて書きます。**"服务员fú wù yuán フーウーユェン"** は「店員」（⇒P.32、**"员"**）、**"家务jiā wù ジアウー"** は「家事」、**"务必wù bì ウービー"** は「必ず」という副詞です。

---

yè イエ 繁体字 業 / 日本の漢字 業

「仕事、学業」という名詞。**"企业qǐ yè チーイエ"** は「企業」、**"职业zhí yè ジーイエ"** は「職業」（⇒P.86、**"职"**）。

shù シゥ 繁体字 術 / 日本の漢字 術

名詞「技術、方法」。**"艺术yì shù イーシゥ"** は「芸術」（⇒P.78、**"艺"**）、**"美术měi shù メイシゥ"** は「美術」。

kāi カイ

开

始める 日本の漢字 開始 kāi shǐ カイシー

开 始

bì ビー

币

人民元 日本の漢字 人民幣 Rén mín bì レンミンビー

人 民 币

yún ユィン

云

雲 日本の漢字 雲彩 yún cai ユィンツァイ

云 彩

diàn ディエン

电

電話 日本の漢字 電話 diàn huà ディエンフゥア

电 话

qì チー

气

天気 日本の漢字 天気 tiān qì ティエンチー

天 气

fēng フォン

丰

豊かだ 日本の漢字 豊富 fēng fù フォンフー

丰 富

wù ウー

务

店員 日本の漢字 服務員 fú wù yuán フーウーユェン

服 务 员

yè イエ

业

企業 日本の漢字 企業 qǐ yè チーイエ

企 业

shù シゥ

术

「武術」は"武术 wǔ shù ウーシゥ"だよ。

芸術 日本の漢字 芸術 yì shù イーシゥ

艺 术

57

レッスン 2 爷(爺)・杂(雑)・奋(奮)・产(産)など

“爷”は“爺”の「耳」を省略しています。

---

 níng ニィン
nìng ニィン

繁体字 寧
日本の漢字 寧

形 安らかである　副 いっそ〜したい

うかんむりと下側の「丁」が残りました。2種類の発音があります。“níng ニィン”は形容詞で“宁静 níng jìng ニィンジィン”は「静かだ」。“nìng ニィン”は副詞で、“宁可 nìng kě ニィンクヮ”は「むしろ」という意味です。

yé イエ

繁体字 爺
日本の漢字 爺

名 おじいさん、年上の男性に対する敬称

“爷爷 yé ye イエイエ”は「(父方の) おじいさん」、“老爷 lǎo ye ラオイエ”は「(母方の) おじいさん」。父方か母方かで呼び方が異なります。“奶奶 nǎi nai ナイナイ”は「(父方の)おばあさん」、“姥姥 lǎo lao ラオラオ”は「(母方の) おばあさん」を表します。

---

zá ザァ

繁体字 雜
日本の漢字 雑

形 雑多である　動 混ぜる

左側のパーツが残りました。下は「木」ではなく、はねるので注意！ “复杂 fù zá フーザァ”は「複雑だ」（⇒P.62、“复”）、“杂志 zá zhì ザァジー”は「雑誌」という意味です（⇒P.96、“志”）。

---

suī スイ

繁体字 雖
日本の漢字 雖

接 〜だけれど

“虽然 suī rán スイラン”は「〜ではあるけれど」という意味。複文で使うことが多く前文にこの“虽然 suī rán”を、後文に“可是 kě shì クヮシー”「しかし」をセットで置くことが多いです。

---

lí リー

繁体字 離
日本の漢字 離

動 離れる　介 〜から、〜まで

左側のパーツを残しました。“离婚 lí/hūn リーフゥン”は「離婚する」、“离开 lí/kāi リーカイ”は「離れる」（⇒P.56、“开”）、“距离 jù lí ジュイリー”は「距離」という意味です。

文字や単語、フレーズを書いてみよう！

níng ニィン

宁

静かだ　日本の漢字 寧静　níng jìng ニィンジィン

宁静

nìng ニィン

宁

むしろ　日本の漢字 寧可　nìng kě ニィンクヲ

宁可

yé イエ

爷

（父方の）おじいさん　日本の漢字 爺爺　yé ye イエイエ

爷爷

zá ザァ

杂

複雑だ　日本の漢字 複雑　fù zá フーザァ

复杂

suī スイ

虽

〜ではあるけれど　日本の漢字 雖然　suī rán スイラン

虽然

lí リー

离

離婚する　日本の漢字 離婚　lí/hūn リーフゥン

离婚

"杂技 zá jì ザァジー"は「曲芸」、
"杂货 zá huò ザァフゥオ"は「雑貨」
という意味だよ。

fèn フェン

繁体字 奮
日本の漢字 奮

動 奮い立つ

真ん中の「隹」が外れました。"**奮斗**fèn dòu フェンドウ"は「がんばる」（⇒P.92、"**斗**"）、"**兴奋**xīng fèn シィンフェン"は「興奮している」という意味です（⇒P.20、"**兴**"）。"**夺**duó ドゥオ"「奪う」も同様のルールで簡略化しています。

産

chǎn チァン

繁体字 產
日本の漢字 産

動 生産する　**名** 生産物

下の「生」が外れました。"**土特产**tǔ tè chǎn トゥトゥチァン"は「おみやげ」、"**产品**chǎn pǐn チァンピン"は「製品」、"**财产**cái chǎn ツァイチァン"は「財産」という意味です。

---

sǎo サオ

繁体字 掃
日本の漢字 掃

動 掃く、掃除する

"**打扫**dǎ sǎo ダーサオ"は「掃除する」、"**扫描**sǎo miáo サオミァオ"は「スキャン」という意味です。"**妇**fù フー"「婦人」、"**归**guī グゥイ"「帰る」も同じパターンで簡略化しています。

---

shā シァ

繁体字 殺
日本の漢字 殺

「殺す、減らす」という動詞。"**杀价**shā/jià シァジア"は「買いたたく」です（⇒P.108、"**价**"）。

pán パン

繁体字 盤
日本の漢字 盤

「大皿」という名詞。"**键盘**jiàn pán ジェンパン"は「キーボード」という意味です。

---

yàn イエン

繁体字 厭
日本の漢字 厭

動 嫌う、飽きる

内側は「犬」だけが残りました。"**讨厌**tǎo yàn タオイエン"は「いやだ」（⇒P.38、"**讨**"）、"**厌烦**yàn fán イエンファン"は「飽き飽きする」（⇒P.30、"**烦**"）、"**厌倦**yàn juàn イエンジュアン"は「いやになる」という意味です。

---

kuā クゥア

繁体字 誇
日本の漢字 誇

「大げさに言う、ほめる」という動詞。"**夸奖**kuā jiǎng クゥアジアン"は「ほめる」です（⇒P.112、"**奖**"）。

xún シュン

繁体字 尋
日本の漢字 尋

「探す、尋ねる」という動詞。"**寻常**xún cháng シュンチァン"は「ありふれた」という意味です。

TRACK 22

第3章 繁体字の一部を残す

fèn フェン	がんばる 日本の漢字 奮闘　fèn dòu フェンドウ
奋	奋斗

chǎn チャン	おみやげ 日本の漢字 土特産　tǔ tè chǎn トゥトゥチャン
产	土特产

sǎo サオ	掃除する 日本の漢字 打掃　dǎ sǎo ダーサオ
扫	打扫

shā シァ	買いたたく 日本の漢字 殺価　shā/jià シァジア
杀	杀价

pán パン	キーボード 日本の漢字 鍵盤　jiàn pán ジェンパン
盘	键盘

yàn イエン	いやだ 日本の漢字 討厭　tǎo yàn タオイエン
厌	讨厌

kuā クゥァ	ほめる 日本の漢字 誇奨　kuā jiǎng クゥァジァン
夸	夸奖

xún シュン	ありふれた 日本の漢字 尋常　xún cháng シュンチァン
寻	寻常

"**盘子** pán zi パンズ"は「大皿」で、"**碟子** dié zi ディエズ"は「小皿」。"**算盘** suàn pán スァンパン"は「そろばん」、"**棋盘** qí pán チーパン"は「碁盤、将棋盤」のことだよ。

レッスン 3

丽（麗）・齿（歯）・类（類）・竞（競）など

"丽"は"麗"の下の「鹿」を省略しています。

---

shēng シャン

繁体字 聲
日本の漢字 声

名詞「声、物音」。"**相声 xiàng sheng シァンシォン**"は「漫才」を表します。動詞「言明する」でもあります。

lì リー

繁体字 麗
日本の漢字 麗

「美しい、きれいだ」という形容詞。"**艶丽 yàn lì イエンリー**"は「色鮮やかだ」という意味です。

tiáo ティアオ

繁体字 條
日本の漢字 条

名 細長いもの、条理　**量** 細長いものを数える量詞

下は「木」ではないので注意！　"**面条 miàn tiáo ミェンティアオ**"は「麺類」（⇒P.98、"**面**"）、"**条件 tiáo jiàn ティアオジェン**"は「条件」、"**一条裤子 yì tiáo kù zi イーティアオ クーズ**"は「1着のズボン」という意味です（⇒P.14、"**裤**"）。

---

lù ルー

繁体字 錄
日本の漢字 録

「記録する、録音する」という動詞。"**录像 lù/xiàng ルーシァン**"は「録画する」という意味です。

cǎi ツァイ

繁体字 採
日本の漢字 採

「摘み取る、選び取る」という動詞。"**采买 cǎi mǎi ツァイマイ**"は「買い入れる」です（⇒P.118、"**买**"）。

---

chǐ チー

繁体字 齒
日本の漢字 歯

「歯、歯のような形をしたもの」という名詞。"**牙齿 yá chǐ ヤーチー**"は「歯」。"**龄 líng リィン**"も同じ略し方です。

qīn チン

繁体字 親
日本の漢字 親

「親」という名詞で、"**父亲 fù qin フーチン**"は「父」という意味です。「親しい」という形容詞でもあります。

---

fù フー

繁体字 復・複
日本の漢字 復・複

動 繰り返す、回答する

「復」と「複」が一つの字に統合されました（⇒P.91、第6章）。"**答复 dá fù ダーフー**"は「返事する」、"**复印 fù yìn フーイン**"は「コピーする」、"**重复 chóng fù チォンフー**"は「重複する」という意味です。

 文字や単語、フレーズを書いてみよう！

shēng シォン
声

漫才　日本の漢字　相声　xiàng sheng シァンシォン
相声

lì リー
丽

色鮮やかだ　日本の漢字　艶麗　yàn lì イエンリー
艳丽

tiáo ティアオ
条

麺類　日本の漢字　麺条　miàn tiáo ミェンティアオ
面条

lù ルー
录

録画する　日本の漢字　録像　lù/xiàng ルーシァン
录像

cǎi ツァイ
采

買い入れる　日本の漢字　採買　cǎi mǎi ツァイマイ
采买

chǐ チー
齿

歯　日本の漢字　牙歯　yá chǐ ヤーチー
牙齿

qīn チン
亲

父　日本の漢字　父親　fù qin フーチン
父亲

fù フー
复

返事する　日本の漢字　答復　dá fù ダーフー
答复

类 lèi レイ
繁体字 **類**
日本の漢字 **類**

名 種類　動 似る

左側のパーツだけが残りました。"**类型**lèi xíng レイシィン"は「タイプ」、"**类似**lèi sì レイスー"は「似ている」、"**种类**zhǒng lèi ジォンレイ"は「種類」（⇒P.84、"**种**"）、"**人类**rén lèi レンレイ"は「人類」を表します。

挂 guà グゥア
繁体字 **掛**
日本の漢字 **掛**

動 掛ける、電話を切る

「卜」が外れました。"**挂念**guà niàn グゥアニェン"は「心配する」、"**挂号**guà hào グゥアハオ"は「登録する、書留にする」、"**牵挂** qiān guà チェングゥア"は「気にかける」という意味です。

际 jì ジー
繁体字 **際**
日本の漢字 **際**

名詞「果て、互いの間」。"**实际**shí jì シージー"は「実際」（⇒P.118、"**实**"）、"**国际**guó jì グゥオジー"は「国際」。

标 biāo ビァオ
繁体字 **標**
日本の漢字 **標**

名詞「標識、基準」で"**目标**mù biāo ムービァオ"は「目標」です。「表示する」という動詞でもあります。

准 zhǔn ジゥン
繁体字 **準**
日本の漢字 **準**

名 基準　動 許可する　形 正確である

左側は「さんずい」ではなく、「にすい」（⇒P.44）です。"**准许** zhǔn xǔ ジゥンシュイ"は「許可する」（⇒P.38、"**许**"）、"**准 备**zhǔn bèi ジゥンベイ"は「準備、準備する」、"**准时**zhǔn shí ジゥンシー"は「定刻通りに」という意味です（⇒P.20、"**时**"）。

竞 jìng ジィン
繁体字 **競**
日本の漢字 **競**

「争う、競う」という動詞。"**竞争** jìng zhēng ジィンジォン"は「競争する」という意味です。

虑 lǜ リュイ
繁体字 **慮**
日本の漢字 **慮**

「考える、心配する」という動詞。"**考虑**kǎo lǜ カオリュイ"は「考える」という意味です。

涂 tú トゥ
繁体字 **塗**
日本の漢字 **塗**

動 塗る、塗りつける

"**糊涂**hú tu フートゥ"は「わけのわからない、めちゃくちゃだ」、"**涂改** tú gǎi トゥガイ"は「書き直す」、"**涂料**tú liào トゥリァオ"は「ペイント」という意味です。

第3章 繁体字の一部を残す

lèi レイ

类

タイプ 日本の漢字 類型 lèi xíng レイシィン

类型

guà グゥア

挂

心配する 日本の漢字 掛念 guà niàn グゥアニェン

挂念

jì ジー

际

実際 日本の漢字 実際 shí jì シージー

实际

biāo ビァオ

标

目標 日本の漢字 目標 mù biāo ムービァオ

目标

zhǔn ジゥン

准

許可する 日本の漢字 準許 zhǔn xǔ ジゥンシュイ

准许

jìng ジィン

竞

競争する 日本の漢字 競争 jìng zhēng ジィンジォン

竞争

lǜ リュイ

虑

考える 日本の漢字 考慮 kǎo lǜ カオリュイ

考虑

tú トゥ

涂

わけのわからない、めちゃくちゃだ 日本の漢字 糊塗 hú tu フートゥ

糊涂

"**竞赛** jìng sài ジィンサイ"は「競技」、"**竞技** jìng jì ジィンジー"は「スポーツ競技」という意味だよ。

おさらいドリル3

1 日本の漢字を簡体字で書いて、中国語の意味と線でつなげましょう。

日本の漢字	簡体字		中国語の意味

① 個（　　　　）・　　　　　　　　　・貨幣

② 郷（　　　　）・　　　　　　　　　・おじいさん、年上の男性に
　　　　　　　　　　　　　　　　　　　対する敬称

③ 幣（　　　　）・　　　　　　　　　・果て、互いの間

④ 豊（　　　　）・　　　　　　　　　・豊かだ、多い

⑤ 爺（　　　　）・　　　　　　　　　・細長いもの、条理、細長い
　　　　　　　　　　　　　　　　　　　ものを数える量詞

⑥ 条（　　　　）・　　　　　　　　　・故郷、農村、いなか

⑦ 際（　　　　）・　　　　　　　　　・考える、心配する

⑧ 慮（　　　　）・　　　　　　　　　・大きさ、単独の、〜個

答え 繁体字からどの部分が抜き出されたのか、確認しましょう。

1 ① **个**：大きさ、単独の、〜個　② **乡**：故郷、農村、いなか　③ **币**：
貨幣　④ **丰**：豊かだ、多い　⑤ **爷**：おじいさん、年上の男性に対する敬称
⑥ **条**：細長いもの、条理、細長いものを数える量詞　⑦ **际**：果て、互いの
間　⑧ **虑**：考える、心配する

第3章で習ったことを復習しよう！

2 日本の漢字を簡体字で書いて、日本語に訳してみましょう。

| 日本の漢字 | 簡体字 | 中国語の意味 |

① 飛機　（　　　　　）➡（　　　　　　　　　）

② 服務員　（　　　　　）➡（　　　　　　　　　）

③ 寧静　（　　　　　）➡（　　　　　　　　　）

④ 土特産　（　　　　　）➡（　　　　　　　　　）

⑤ 打掃　（　　　　　）➡（　　　　　　　　　）

⑥ 録像　（　　　　　）➡（　　　　　　　　　）

⑦ 答復　（　　　　　）➡（　　　　　　　　　）

⑧ 準許　（　　　　　）➡（　　　　　　　　　）

答え　"飞 fēi フェイ"は、「飛ぶ、漂う」という意味の動詞です。

2 ① **飞机**：飛行機　② **服务员**：店員　③ **宁静**：静かだ　④ **土特产**：おみやげ　⑤ **打扫**：掃除する　⑥ **录像**：録画する　⑦ **答复**：返事する　⑧ **准许**：許可する

コラム❹

漢字の種類3　会意文字

　会意文字は、象形文字や指事文字などを2つ以上組み合わせて、新しい意味を生み出した字です。

❶“森 sēn セン”「森」

「木」を3つ合わせて、木がたくさんある「森」の意味を表します。

“木 mù ムー”＋“木 mù ムー”＋“木 mù ムー”＝“森 sēn セン”

❷“休 xiū シィオ”「休む」

人が木に寄りかかって、「休む」の意味を表します。

“人 rén レン”＋“木 mù ムー”＝“休 xiū シィオ”

❸“男 nán ナン”「男」

田んぼを耕す「男」の意味を表します。

“田 tián ティエン”＋“力 lì リー”＝“男 nán ナン”

❹“鸣 míng ミィン”「鳴く」

鳥がくちばしで歌っていて、「鳴く」の意味を表します。

“口 kǒu コウ”＋“鸟 niǎo ニァオ”＝“鸣 míng ミィン”

❺“卡 qiǎ チア”「挟まる」

上にも下にも行けず、「挟まる」の意味を表します（⇒P.138、“卡”）。

“上 shàng シャン”＋“下 xià シア”＝“卡 qiǎ チア”

❻“坐 zuò ズオ”「座る」

二人の人が土の上にいることで、「座っている」の意味を表します。

“从 cóng ツォン”＋“土 tǔ トゥ”＝“坐 zuò ズオ”

意味や形からイメージする

字の意味やイメージからつくった文字、いわゆる「会意文字」を練習しましょう。会意文字とは、象形文字（例：「山」。連なる山を表す）と指示文字（例：「上」。横棒の上にある線を表す）を組み合わせてつくった字のことです。

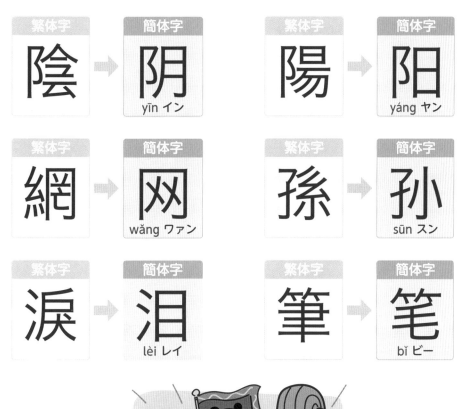

繁体字	簡体字	繁体字	簡体字
陰 →	阴 yīn イン	陽 →	阳 yáng ヤン
網 →	网 wǎng ワァン	孫 →	孙 sūn スン
涙 →	泪 lèi レイ	筆 →	笔 bǐ ビー

阴(陰)・阳(陽)・泪(涙)・笔(筆)など

意味やイメージからつくられた字を紹介します。

繁体字 **從**
日本の漢字 **従**

cóng ツォン

前 (起点を表す)～から　**動** ついてゆく、従う

「人が人についていく」と覚えましょう。前置詞として使うときは、"**到** dào ダオ"「～まで」などの助詞とセットで使います。"**从前** cóng qián ツォンチェン"は「昔」、"**从来** cóng lái ツォンライ"は「これまでずっと」という意味です。

繁体字 **隊**
日本の漢字 **隊**

duì ドゥイ

名 行列、チーム

日本語では「チーム、部隊」の意味でよく使いますが、中国語では、「行列」の意味でもよく使います。"**排队** pái/duì パイドゥイ"は「列に並ぶ」という意味です。

繁体字 **陰**
日本の漢字 **陰**

yīn イン

名 日陰　**形** 暗い、曇っている

中国古代の陰陽思想では、月は「陰」に属するので、右半分を「月」に置き換えました。"**阴天** yīn tiān インティエン"は「くもり」(⇒P.126、"**天**")、"**光阴** guāng yīn グゥアンイン"は「時間」という意味です。

繁体字 **陽**
日本の漢字 **陽**

yáng ヤン

名詞「太陽」。同じく右半分が「日」に置き換わりました。"**阳台** yáng tái ヤンタイ"は「バルコニー」を表します。

繁体字 **塵**
日本の漢字 **塵**

chén チェン

「ちり、ほこり」という名詞。"**吸尘器** xī chén qì シーチェンチー"は「掃除機」という意味です。

繁体字 **網**
日本の漢字 **網**

wǎng ワァン

名 網、インターネット

"**因特网** yīn tè wǎng イントォワァン"は「インターネット」("**网络** wǎng luò ワァンルゥオ"とも)。"**网站** wǎng zhàn ワァンジァン"は「ウェブサイト」という意味です。

 # 文字や単語、フレーズを書いてみよう！

cóng ツォン

从

昔　日本の漢字 従前　cóng qián ツォンチェン

从前

---

duì ドゥイ

队

列に並ぶ　日本の漢字 排隊　pái/duì パイドゥイ

排队

---

yīn イン

阴

くもり　日本の漢字 陰天　yīn tiān インティエン

阴天

---

yáng ヤン

阳

バルコニー　日本の漢字 陽台　yáng tái ヤンタイ

阳台

---

chén チェン

尘

掃除機　日本の漢字 吸塵器　xī chén qì シーチェンチー

吸尘器

---

wǎng ワァン

网

インターネット　日本の漢字 因特網　yīn tè wǎng イントゥワァン

因特网

> 月の満ち欠けを基準にする「旧暦」は"**阴历** yīn lì インリー"と呼ぶよ。「西暦」のことは"**阳历** yáng lì ヤンリー"と言うんだ。

> "**尘** chén チェン"の字は「小さな土が塵になる」と覚えよう。"**沙尘暴** shā chén bào シアチェンバオ"は「黄砂」のことだよ。

形 多い、多くの　**名** 大勢の人

木が3本集まると「森」になるように、人がたくさん集まると"**众** zhòng ジォン"になります。"**观众** guān zhòng グアンジォン"は「観衆」（⇒P.46、"**观**"）、"**听众** tīng zhòng ティンジォン"は「リスナー」を表します。

zhòng ジォン

名 孫

「小さな子ども」で「孫」と覚えましょう。"**孙子** sūn zi スンズ"は「孫息子（息子の息子）」、"**孙女** sūn nǚ スンニュイ"は「孫娘（息子の娘)」という意味です。

sūn スン

動詞「聴く」。"**打听** dǎ ting ダーティン"は「たずねる」、"**好听** hǎo tīng ハオティン"は「耳に心地よい」です。

tīng ティン

「災害、不幸」という名詞。"**火灾** huǒ zāi フゥオザイ"は「火災」という意味です。

zāi ザイ

名 涙

「目から水が流れる」ことをイメージした字で、"**眼泪** yǎn lèi イエンレイ"は「涙」です（"**泪水** lèi shuǐ レイシゥイ"とも）。"**流泪** liú/lèi リィオレイ"は「涙を流す」という意味です。

lèi レイ

名 筆記具の総称

"**笔电** bǐ diàn ビーディエン"は「ノートパソコン」を表します（⇒P.56、"**电**"）。筆記用具の名前にはこの"**笔**"の字が使われます。"**钢笔** gāng bǐ ガァンビー"は「万年筆」。「ノート」は"**笔记本** bǐ jì běn ビージーベン"です（⇒P.38、"**记**"）。

bǐ ビー

名 望み　**動** 願う

「心で願い事をする」と覚えましょう。"**愿望** yuàn wàng ユェンワァン"は「願い」、"**祝愿** zhù yuàn ジゥユェン"は「祈る」、"**志愿者** zhì yuàn zhě ジーユェンジォ"は「ボランティア」という意味です（⇒P.96、"**志**"）。

yuàn ユェン

zhòng ジォン

众

観衆 日本の漢字 観衆 guān zhòng グアンジォン

观众

sūn スン

孙

孫息子（息子の息子） 日本の漢字 孫子 sūn zi スンズ

孙子

tīng ティン

听

たずねる 日本の漢字 打聴 dǎ ting ダーティン

打听

zāi ザイ

灾

火災 日本の漢字 火災 huǒ zāi フゥオザイ

火灾

lèi レイ

泪

涙 日本の漢字 眼涙 yǎn lèi イエンレイ

眼泪

bǐ ビー

笔

ノートパソコン 日本の漢字 筆電 bǐ diàn ビーディエン

笔电

yuàn ユェン

愿

願い 日本の漢字 願望 yuàn wàng ユェンワァン

愿望

第4章 意味や形からイメージする

"听 tīng ティン"の字は、もとの繁休字の「みみへん」が「くちへん」に変わったんだ。"听说 tīng/shuō ティンシゥオ"は「聞くところによると」という表現だよ。

おさらいドリル4

1 日本の漢字を簡体字で書いて、中国語の意味と線でつなげましょう。

日本の漢字	簡体字		中国語の意味

① 隊（　　　　）・　　　　　　　　・網、インターネット

② 陰（　　　　）・　　　　　　　　・太陽

③ 陽（　　　　）・　　　　　　　　・多い、多くの、大勢の人

④ 網（　　　　）・　　　　　　　　・日陰、暗い、曇っている

⑤ 衆（　　　　）・　　　　　　　　・聴く

⑥ 聴（　　　　）・　　　　　　　　・行列、チーム

⑦ 災（　　　　）・　　　　　　　　・涙

⑧ 涙（　　　　）・　　　　　　　　・災害、不幸

答え どんな意味やイメージからつくられた字か、確認しましょう。

1 ① 队：行列、チーム　② 阴：日陰、暗い、曇っている　③ 阳：太陽

④ 网：網、インターネット　⑤ 众：多い、多くの、大勢の人　⑥ 听：聴

く　⑦ 灾：災害、不幸　⑧ 泪：涙

第4章で習ったことを復習しよう！

2 日本の漢字を簡体字で書いて、日本語に訳してみましょう。

日本の漢字　　　　　簡体字　　　　　　　　　中国語の意味

① 従前 （　　　　　　）➡（　　　　　　　　　　　）

② 排隊 （　　　　　　）➡（　　　　　　　　　　　）

③ 吸塵器 （　　　　　　）➡（　　　　　　　　　　　）

④ 因特網 （　　　　　　）➡（　　　　　　　　　　　）

⑤ 孫子 （　　　　　　）➡（　　　　　　　　　　　）

⑥ 打聴 （　　　　　　）➡（　　　　　　　　　　　）

⑦ 眼涙 （　　　　　　）➡（　　　　　　　　　　　）

⑧ 筆電 （　　　　　　）➡（　　　　　　　　　　　）

第4章

意味や形からイメージする

答え　"队duìドゥイ"には、「行列」という意味もあります。

2 ① **从前**：昔　② **排队**：列に並ぶ　③ **吸尘器**：掃除機　④ **因特网**：
インターネット　⑤ **孙子**：孫息子　⑥ **打听**：たずねる　⑦ **眼泪**：涙
⑧ **笔电**：ノートパソコン

コラム❺

漢字の種類4　形声文字

　形声文字は、意味を表す「意符」と発音を表す「音符」を組み合わせてつくった字ですが、その発音は必ずしも「音符」の発音と一致しません。形声文字は、漢字の80%以上を占めます。

❶ "晴 qíng チィン" 「晴れている」

「日」と「青」を組み合わせてつくった字です。

〔意味を表す〕"日 rì リー" ＋ 〔発音を表す〕"青 qīng チィン" ＝ "晴 qíng チィン"

❷ "问 wèn ウェン" 「聞く」 (⇒P.48、"问")

「門」と「口」を組み合わせてつくった字です。

〔意味を表す〕"口 kǒu コウ" ＋ 〔発音を表す〕"门 mén メン" ＝ "问 wèn ウェン"

❸ "村 cūn ツン" 「村」

「木」と「寸」を組み合わせてつくった字です。

〔意味を表す〕"木 mù ムー" ＋ 〔発音を表す〕"寸 cùn ツン" ＝ "村 cūn ツン"

❹ "花 huā フゥア" 「花」

草を表す「艹」と「化」を組み合わせてつくった字です。

〔意味を表す〕"草 cǎo ツァオ" ＋ 〔発音を表す〕"化 huà フゥア" ＝ "花 huā フゥア"

❺ "油 yóu ヨウ" 「油」

水を表す「氵」と「由」を組み合わせてつくった字です。

〔意味を表す〕"水 shuǐ シゥイ" ＋ 〔発音を表す〕"由 yóu ヨウ" ＝ "油 yóu ヨウ"

❻ "打 dǎ ダー" 「叩く」

手を表す「扌」と「丁」を組み合わせてつくった字です。

〔意味を表す〕"手 shǒu シォウ" ＋ 〔発音を表す〕"丁 dīng ディン" ＝ "打 dǎ ダー"

第5章
一部分に同音の字をはめる

まったく同じ発音か、または近い発音の文字を借りて新たな字をつくる「形声文字」の原理でつくられた簡体字です。これは簡体字をつくるルールの中で最も一般的な方法で、この種類の文字が一番多いです。

繁体字	簡体字	繁体字	簡体字
認	认 rèn レン	階	阶 jiē ジエ
遷	迁 qiān チェン	運	运 yùn ユィン
郵	邮 yóu ヨウ	膚	肤 fū フー

レッスン 1 优（優）・达（達）・远（遠）・极（極）など

「優」は、近い発音の"尤yóu ヨウ"を借りて略されました。

rèn レン

繁体字 認

日本の漢字 認

動 見分ける、認める

近い発音の"人rén レン"が取り入れられました。"**认真**rèn zhēn レンジェン"は「まじめだ」（⇒P.130、**真**）、"**认识**rèn shi レンシ"は「知る」、"**认为**rèn wéi レンウェイ"が「～と思う」、"**确认**què rèn チュエレン"は「確認する」という意味です。「ごんべん」（⇒P.38）。

lì リー

繁体字 歴・暦

日本の漢字 歴・暦

動 経過する **名** 経歴、暦

2つの異なる文字の内側が、同じ発音の"**力**lì リー"に置き換えられました（⇒P.91、第6章）。"**历史**lì shǐ リーシー"は「歴史」、"**经历**jīng lì ジンリー"は「経験、経験する」という意味です（⇒P.26、**经**）。

艺

yì イー

繁体字 藝

日本の漢字 芸

名 技術、芸術

近い発音の"**乙**yǐ イー"を取り入れた字。"**手艺**shǒu yì シォウイー"は「腕前」という意味です。同じ方法で簡略化した字に"**忆**yì イー"（憶）、"**亿**yì イー"（億）があります。

优

yōu ヨウ

繁体字 優

日本の漢字 優

形 優れている

近い発音の"**尤**yóu ヨウ"を取り入れた字。"**优点**yōu diǎn ヨウディエン"は「長所」という意味です。同じく"**尤**"を取り入れた字に"**忧**yōu ヨウ"（憂）、"**扰**rǎo ラオ"（擾）があります。

---

jiē ジエ

繁体字 階

日本の漢字 階

名詞「段階、等級」。"**阶段**jiē duàn ジエドアン"は「段階」、"**阶级**jiē jí ジエジー"は「階級」（⇒P.80、**级**）。

---

bì ビー

繁体字 畢

日本の漢字 畢

「終了する」という動詞。"**毕业**bì/yè ビーイエ"は「卒業する」、"**毕竟**bì jìng ビージィン"は「結局」。

 文字や単語、フレーズを書いてみよう！

rèn レン

认

まじめだ 日本の漢字 認真 rèn zhēn レンジェン

认真

lì リー

历

歴史 日本の漢字 歴史 lì shǐ リーシー

历史

yì イー

艺

腕前 日本の漢字 手芸 shǒu yì シォウイー

手艺

yōu ヨウ

优

長所 日本の漢字 優点 yōu diǎn ヨウディエン

优点

jiē ジエ

阶

段階 日本の漢字 階段 jiē duàn ジエドアン

阶段

bì ビー

毕

卒業する 日本の漢字 畢業 bì/yè ビーイエ

毕业

 第5章 一部分に同音の字をはめる

"简历 jiǎn lì ジェンリー"は「略歴」、"挂历 guà lì グゥアリー"は「壁かけカレンダー」だよ。

日本語の「階段」のことは、中国語では"楼梯 lóu tī ロウティ"と言うんだ。

79

达 dá ダー

繁体字 達
日本の漢字 達

動 到達する、精通する

近い発音の"**大** dà ダー"を取り入れた字。"**到达** dào dá ダオダー"は「到着する」、"**达人** dá rén ダーレン"「達人」は日本語から逆輸入した語彙です。"**马达** mǎ dá マーダー"「モーター」は外来語の音訳です（⇒P.12、"**马**"）。

迁 qiān チェン

繁体字 遷
日本の漢字 遷

動 移転する、移り変わる

同じ発音の"**千** qiān チェン"を取り入れた字。"**迁移** qiān yí チェンイー"は「移す」、"**迁居** qiān jū チェンジュイ"は「引っ越す」という意味です。同じ方法で簡略化した字に"**纤** xiān シェン"（繊）があります。

进 jìn ジン

繁体字 進
日本の漢字 進

動詞「進む、入る」。"**进行** jìn xíng ジンシィン"は「進める」、"**进步** jìn bù ジンブー"は「進歩する」（⇒P.128、"**步**"）。

迟 chí チー

繁体字 遲
日本の漢字 遲

「遅れる、のろい」という形容詞。"**迟到** chí dào チーダオ"は「遅刻する」という意味です。

运 yùn ユィン

繁体字 運
日本の漢字 運

動 運ぶ　名 運勢

近い発音の"**云** yún ユィン"を取り入れた字（⇒P.116、"**云**"のパーツに入れ替え）。"**运动** yùn dòng ユィンドン"は「運動する」（⇒P.116、"**动**"）、"**运气** yùn qi ユィンチ"は「運」（⇒P.56、"**气**"）、"**空运** kōng yùn コンユィン"は「航空便」という意味です。

远 yuǎn ユェン

繁体字 遠
日本の漢字 遠

"**元** yuán ユェン"の発音をベースにした字で「遠い」という形容詞。"**永远** yǒng yuǎn ヨンユェン"は「永遠に」。

级 jí ジー

繁体字 級
日本の漢字 級

「ランク、学年」という名詞。"**高级** gāo jí ガオジー"は「高級だ」という意味です。「いとへん」（⇒P.26）。

极 jí ジー

繁体字 極
日本の漢字 極

「果て」という名詞であり、「きわめて」という副詞でもあります。"**积极** jī jí ジージー"は「積極的だ」です。

护 hù フー

繁体字 護
日本の漢字 護

「世話をする、かばう」という動詞。"**保护** bǎo hù バオフー"は「保護する」という意味です。

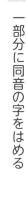

dá ダー

达

到着する 日本の漢字 到達 dào dá ダオダー

到达

qiān チェン

迁

移す 日本の漢字 遷移 qiān yí チェンイー

迁移

jìn ジン

进

進める 日本の漢字 進行 jìn xíng ジンシィン

进行

chí チー

迟

遅刻する 日本の漢字 遅到 chí dào チーダオ

迟到

yùn ユィン

运

運動する 日本の漢字 運動 yùn dòng ユィンドン

运动

yuǎn ユェン

远

永遠に 日本の漢字 永遠 yǒng yuǎn ヨンユェン

永远

jí ジー

级

高級だ 日本の漢字 高級 gāo jí ガオジー

高级

jí ジー

极

積極的だ 日本の漢字 積極 jī jí ジージー

积极

hù フー

护

"级 jí ジー"は同じ発音の"及 jí ジー"の字でつくられた形声文字だよ。

保護する 日本の漢字 保護 bǎo hù バオフー

保护

第5章 一部分に同音の字をはめる

81

レッスン 2 邮（郵）・态（態）・种（種）・战（戦）など

「郵」は、同じ発音の"由 yóu ヨウ"を借りて略されました。

邮 yóu ヨウ
繁体字 郵
日本の漢字 郵

形 郵便の　動 郵送する

同じ発音の"由 yóu ヨウ"を取り入れた字。"邮局 yóu jú ヨウジュイ"は「郵便局」、"邮票 yóu piào ヨウピァオ"は「郵便切手」、"邮箱 yóu xiāng ヨウシァン"は「ポスト、メールボックス」です。

园 yuán ユェン
繁体字 園
日本の漢字 園

「園、遊覧の場所」という名詞。"公园 gōng yuán ゴンユェン"は「公園」です。

态 tài タイ
繁体字 態
日本の漢字 態

名詞「様子、ありさま」。"态度 tài dù タイドゥ"「態度」、"状态 zhuàng tài ジゥアンタイ"「状態」です。

邻 lín リン
繁体字 鄰
日本の漢字 隣

名 近所　動 隣り合う

近い発音の"令 lìng リィン"を取り入れた字。"邻居 lín jū リンジュイ"は「隣近所」、"邻国 lín guó リングゥオ"は「隣国」。同じ方法で簡略化した字に"怜 lián リェン"（憐）があります。

范 fàn ファン
繁体字 範
日本の漢字 範

名 範囲、模範

「たけかんむり」を「くさかんむり」に略しました。"范围 fàn wéi ファンウェイ"は「範囲」（⇒P.116、"围"）、"模范 mó fàn モォファン"は「模範」、"师范 shī fàn シーファン"は師範学校の略称です（⇒P.18、"师"）。

抬 tái タイ
繁体字 抬
日本の漢字 擡

「（両手で）運ぶ」という動詞。"抬价 tái/jià タイジア"は「値上げする」です（⇒P.108、"价"）。

苹 píng ピィン
繁体字 蘋
日本の漢字 蘋

「りんご」という名詞。"苹果 píng guǒ ピィングゥオ"は「りんご」です。

文字や単語、フレーズを書いてみよう！

yóu ヨウ

邮

郵便局　[日本の漢字] 郵局　yóu jú ヨウジュイ

邮局

yuán ユェン

园

公園　[日本の漢字] 公園　gōng yuán ゴンユェン

公园

tài タイ

态

態度　[日本の漢字] 態度　tài dù タイドゥ

态度

lín リン

邻

隣近所　[日本の漢字] 隣居　lín jū リンジュイ

邻居

fàn ファン

范

範囲　[日本の漢字] 範囲　fàn wéi ファンウェイ

范围

tái タイ

抬

値上げする　[日本の漢字] 擡価　tái/jià タイジア

抬价

píng ピィン

苹

りんご　[日本の漢字] 蘋果　píng guǒ ピィングゥオ

苹果

第5章　一部分に同音の字をはめる

"花园 huā yuán フゥアユェン"は「ガーデン」、"校園 xiào yuán シァオユェン"は「校庭」、"幼儿园 yòu ér yuán ヨウアルユェン"は「幼稚園」だよ。

肤
繁体字 膚
日本の漢字 膚
fū フー

名 皮膚　形 浅い

同じ発音の"**夫 fū** フー"を取り入れた字。「にくづき」で意味を表しています。"**皮肤 pí fū** ピーフー"は「皮膚、肌」、"**肤浅 fū qiǎn** フーチェン"は「理解が浅い」という意味です。

种
繁体字 種
日本の漢字 種
zhǒng ジォン
zhòng ジォン

名 たね　量 種類　動 植える

近い発音の"**中 zhōng** ジォン"を取り入れた字。"**zhǒng** ジォン"は名詞または量詞で、"**种类 zhǒng lèi** ジォンレイ"は「種類」。"**zhòng** ジォン"は動詞で"**种植 zhòng zhí** ジォンジー"は「栽培する」という意味です。"**钟 zhōng** ジォン"(鐘)も同じ略し方です。

误
繁体字 誤
日本の漢字 誤
wù ウー

「まちがい」という名詞で"**错误 cuò wù** ツオウー"は「誤り」(⇒P.36、"错")。動詞「遅らせる」でもあります。

响
繁体字 響
日本の漢字 響
xiǎng シァン

「音、響き」という名詞。"**影响 yǐng xiǎng** インシァン"は「影響する」です。動詞「鳴る」でもあります。

帮
繁体字 幫
日本の漢字 幇
bāng バァン

動詞「手伝う、助ける」で、"**帮忙 bāng/máng** バァンマァン"は「手伝う」。「集団」という名詞でもあります。

战
繁体字 戰
日本の漢字 戰
zhàn ジァン

「戦争」という名詞であり、「戦う」という動詞でもあります。"**战术 zhàn shù** ジァンシゥ"は「戦術」です。

姨
繁体字 姨
日本の漢字 姨
yí イー

「母の姉妹」という名詞。"**阿姨 ā yí** アーイー"は「おばさん(母と同世代の女性)、お手伝いさん」のことです。

宾
繁体字 賓
日本の漢字 賓
bīn ビン

「客」という名詞。"**宾馆 bīn guǎn** ビングアン"は「高級ホテル」のことです(⇒P.42、"馆")。

样
繁体字 樣
日本の漢字 樣
yàng ヤン

名 形状、様子、手本

近い発音の"**羊 yáng** ヤン"を取り入れた字。"**样品 yàng pǐn** ヤンピン"は「サンプル」、"**这样 zhè yàng** ジョヤン"は「このような、このように」(⇒P.144、"这")、"**怎么样 zěn me yàng** ゼンマォヤン"は「どのような、どのように」という意味です(⇒P.134、"怎"、"么")。

fū フー

肤

皮膚、肌　日本の漢字 皮膚　pí fū ピーフー

皮 肤

zhǒng ジォン

种

種類　日本の漢字 種類　zhǒng lèi ジォンレイ

种 类

zhòng ジォン

种

栽培する　日本の漢字 種植　zhòng zhí ジォンジー

种 植

wù ウー

误

誤り　日本の漢字 錯誤　cuò wù ツオウー

错 误

xiǎng シァン

响

影響する　日本の漢字 影響　yǐng xiǎng インシァン

影 响

bāng バァン

帮

手伝う　日本の漢字 帮忙　bāng/máng バァンマァン

帮 忙

zhàn ジァン

战

戦術　日本の漢字 戦術　zhàn shù ジァンシゥ

战 术

yí イー

姨

おばさん（母と同世代の女性）　日本の漢字 阿姨　ā yí アーイー

阿 姨

bīn ビン

宾

高級ホテル　日本の漢字 賓館　bīn guǎn ビングアン

宾 馆

yàng ヤン

样

サンプル　日本の漢字 様品　yàng pǐn ヤンピン

样 品

レッスン 3 础（礎）・剧（劇）・惊（驚）・职（職）など

「礎」は、近い発音の"出 chū チゥ"を借りて略されました。

础
chǔ チゥ

繁体字 礎
日本の漢字 礎

「基礎、いしずえ」という名詞。"基础 jī chǔ ジーチゥ"は「基礎、土台」という意味です。

圆
yuán ユェン

繁体字 圓
日本の漢字 円

形容詞「丸い」で"圆满 yuán mǎn ユェンマン"は「円満だ」です。「人民元」という名詞でもあります。

剧
jù ジュイ

繁体字 劇
日本の漢字 劇

名 劇、芝居　形 激しい

近い発音の"居 jū ジュイ"を取り入れた字。"电视剧 diàn shì jù ディエンシージュイ"は「テレビドラマ」（⇒P.56、"电"／P.46、"视"）、"剧本 jù běn ジュイベン"は「脚本」を表します。"剧烈 jù liè ジュイリィエ"は「激しい」という意味です。

据
jù ジュイ

繁体字 據
日本の漢字 拠

「証拠」という名詞。"收据 shōu jù シォウジュイ"は「領収書」のことです（⇒P.132、"收"）。

惊
jīng ジィン

繁体字 驚
日本の漢字 驚

「驚く、驚かす」という動詞。"吃惊 chī/jīng チージィン"は「びっくりする」という意味です（⇒P.94、"吃"）。

职
zhí ジー

繁体字 職
日本の漢字 職

名 職務、務め

近い発音の"只 zhǐ ジー"を取り入れた字。"职业 zhí yè ジーイエ"は「職業」（⇒P.56、"业"）、"辞职 cí/zhí ツージー"は「辞職する」という意味です。"识 shí シー"（識）（⇒P.38、"识"）、"织 zhī ジー"（織）も同じ略し方です。

简
jiǎn ジェン

繁体字 簡
日本の漢字 簡

「簡単だ」という形容詞。"简单 jiǎn dān ジェンダン"は「簡単だ」という意味です（⇒P.128、"单"）。

镜
jìng ジィン

繁体字 鏡
日本の漢字 鏡

「鏡、レンズ」という名詞で"眼镜 yǎn jìng イエンジィン"は「メガネ」です。「かねへん」（⇒P.36）。

文字や単語、フレーズを書いてみよう！

chǔ チゥ

础

基礎、土台　日本の漢字 基礎　jī chǔ ジーチゥ

基础

yuán ユェン

圆

円満だ　日本の漢字 円満　yuán mǎn ユェンマン

圆满

jù ジュイ

剧

テレビドラマ　日本の漢字 電視劇　diàn shì jù ディエンシージュイ

电视剧

jù ジュイ

据

領収書　日本の漢字 収拠　shōu jù ショウジュイ

收据

jīng ジィン

惊

びっくりする　日本の漢字 吃驚　chī/jīng チージィン

吃惊

zhí ジー

职

職業　日本の漢字 職業　zhí yè ジーイエ

职业

jiǎn ジェン

简

簡単だ　日本の漢字 簡単　jiǎn dān ジェンダン

简单

jìng ジィン

镜

"简 jiǎn ジェン" は "间 jiān ジェン"、
"镜 jìng ジィン" は "竟 jìng ジィン"、
それぞれ近い発音や同じ発音の字で
つくられた形声文字だよ。

メガネ　日本の漢字 眼鏡　yǎn jìng イエンジィン

眼镜

1 日本の漢字を簡体字で書いて、中国語の意味と線でつなげましょう。

日本の漢字　　　簡体字　　　　　　　　　　　　　　中国語の意味

① 認 (　　　　　) ・　　　　　・果て、きわめて

② 遷 (　　　　　) ・　　　　　・範囲、模範

③ 極 (　　　　　) ・　　　　　・たね、種類、植える

④ 護 (　　　　　) ・　　　　　・移転する、移り変わる

⑤ 隣 (　　　　　) ・　　　　　・世話をする、かばう

⑥ 範 (　　　　　) ・　　　　　・見分ける、認める

⑦ 種 (　　　　　) ・　　　　　・近所、となり合う

⑧ 驚 (　　　　　) ・　　　　　・驚く、驚かす

答え 同じ発音（または近い発音）の字に換えられた部分を確認しましょう。

1 ① **认**：見分ける、認める　② **迁**：移転する、移り変わる　③ **极**：果て、きわめて　④ **护**：世話をする、かばう　⑤ **邻**：近所、となり合う
⑥ **范**：範囲、模範　⑦ **种**：たね、種類、植える　⑧ **惊**：驚く、驚かす

第5章で習ったことを復習しよう！

2 日本の漢字を簡体字で書いて、日本語に訳してみましょう。

| 日本の漢字 | 簡体字 | 中国語の意味 |

① 優点 （　　　　　） ➡ （　　　　　　　　　）

② 階段 （　　　　　） ➡ （　　　　　　　　　）

③ 遅到 （　　　　　） ➡ （　　　　　　　　　）

④ 運動 （　　　　　） ➡ （　　　　　　　　　）

⑤ 種植 （　　　　　） ➡ （　　　　　　　　　）

⑥ 幇忙 （　　　　　） ➡ （　　　　　　　　　）

⑦ 様品 （　　　　　） ➡ （　　　　　　　　　）

⑧ 電視劇 （　　　　　） ➡ （　　　　　　　　　）

第５章
一部分に同音の字をはめる

答え "阶段 jiē duàn ジエドアン"は、「段階」という意味の語彙です。

2 ① **优点**：長所　② **阶段**：段階　③ **迟到**：遅刻する　④ **运动**：運動する　⑤ **种植**：栽培する　⑥ **帮忙**：手伝う　⑦ **样品**：サンプル　⑧ **电视剧**：テレビドラマ

89

コラム❻

中国人に多い名字

　中国人には漢字1字の名字が多く、その種類は多くありません。世界のなかで最も人口が多い中国ですが、意外にも名字の数は日本より少ないのです。中国人の名字トップ10を紹介しましょう。

❶ "王 Wáng ワァン"

プロ野球監督の「王貞治」は有名ですね。

❷ "李 Lǐ リー"

唐の詩人「李白」の名字です。

❸ "张 Zhāng ジァン" (⇒P.16、"张")

三国志の武将「張飛」の名字です。

❹ "刘 Liú リィオ"

三国志の蜀の皇帝「劉備」の名字です。

❺ "陈 Chén チェン"

料理の鉄人「陳建一」の名字です。

❻ "杨 Yáng ヤン" (⇒P.112、" 歺 "のパーツに入れ替え)

❼ "黄 Huáng フゥアン"

❽ "赵 Zhào ジァオ" (⇒P.110、"赵")

❾ "吴 Wú ウー"

❿ "周 Zhōu ジォウ" (⇒P.96、"周")

ちなみに、日本人に多い名字トップ3の中国語表記と読みは以下のようになります。

❶「佐藤」"佐藤 Zuǒténg ズオトゥン"

❷「鈴木」"铃木 Língmù リィンムー" (⇒P.36「かねへん」)

❸「高橋」"高桥 Gāoqiáo ガオチァオ" (⇒P.108、"桥")

第6章
音が似た字を1つに統合する

画数の多い繁体字を、近い発音（あるいは同じ発音）で画数の少ない別の字に統合しました。そのため元の漢字が持つ意味に、新たな意味が加わり、いくつかの意味と発音を持つ簡体字になりました。

繁体字	簡体字	繁体字	簡体字
几・幾 →	几・几 jī ジー jǐ ジー	乾・幹 →	干・干 gān ガン gàn ガン
只・隻 →	只・只 zhǐ ジー zhī ジー	后・後 →	后 hòu ホウ
吃・喫 →	吃 chī チー	里・裏・裡 →	里 lǐ リー

レッスン 1 斗(斗・闘)・升(升・昇)・并(併・並)など

複数の字が画数の少ない字に統合されました。

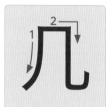

jǐ ジー
jī ジー

繁体字 几・幾
日本の漢字 几・幾

数 いくつ　副 ほとんど　名 小さなテーブル

主に "几 jǐ ジー" ＋量詞」のパターンで使います。"几个 jǐ ge ジーグォ"は「いくつ」(⇒P.54、"个")、"几点 jǐ diǎn ジーディエン"は「何時」です。副詞や名詞として用いる場合、一般的に "jī ジー"と第1声で発音します。"几乎 jī hū ジーフー"は「ほとんど」です。

机

jī ジー

繁体字 機
日本の漢字 机・機

名 機械、チャンス

機械類の語彙によく用いる字。"手机 shǒu jī シォウジー"は「携帯電話」、"洗衣机 xǐ yī jī シーイージー"は「洗濯機」、"司机 sī jī スージー"は「運転手」、"机会 jī huì ジーフゥイ"は「チャンス」。

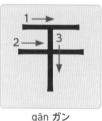

gān ガン
gàn ガン

繁体字 乾・幹
日本の漢字 乾・幹

形 乾いている　名 乾燥させた食品　動 する、やる

「乾」と「幹」が別の字 "干"にまとめられました。"gān ガン"と発音するのは元が「乾」の語彙で、"干杯 gān/bēi ガンベイ"は「乾杯する」という意味です。"gàn ガン"と発音するのは元が「幹」の語彙で、"干活儿 gàn/huór ガンフゥオル"は「仕事をする」という意味です。

斗

dǒu ドウ
dòu ドウ

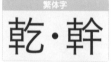

繁体字 斗・鬥
日本の漢字 斗・闘

量 容量の単位　動 闘う

"鬥"を発音が近い "斗"に統合。"dǒu ドウ"は元が「斗」の語彙で、"熨斗 yùn dǒu ュィンドウ"は「アイロン」です。"dòu ドウ"は元が「闘」の語彙で "斗争 dòu zhēng ドウジォン"は「争う」です。

---

shēng シォン

繁体字 升・昇
日本の漢字 升・昇

量 リットル　動 昇る、上がる

容量の単位である "升"に、発音が同じ "昇"が統合されました。"升学 shēng/xué シォンシュエ"は「進学する」、"升值 shēng zhí シォンジー"は「価値が上がる」という意味です。

文字や単語、フレーズを書いてみよう！

jǐ ジー

几

いくつ 日本の漢字 幾個 jǐ ge ジーグォ

几个

jī ジー

几

ほとんど 日本の漢字 幾乎 jī hū ジーフー

几乎

jī ジー

机

携帯電話 日本の漢字 手機 shǒu jī シォウジー

手机

gān ガン

干

乾杯する 日本の漢字 乾杯 gān/bēi ガンベイ

干杯

gàn ガン

干

仕事をする 日本の漢字 幹活児 gàn/huór ガンフゥオル

干活儿

dǒu ドウ

斗

アイロン 日本の漢字 熨斗 yùn dǒu ユィンドウ

熨斗

dòu ドウ

斗

争う 日本の漢字 闘争 dòu zhēng ドウジョン

斗争

shēng シォン

升

進学する 日本の漢字 昇学 shēng/xué シォンシュエ

升学

93

丑
chǒu チョウ

繁体字
丑・醜

日本の漢字
丑・醜

名 十二支の「うし」　**形** 醜い、ぶざまだ

"醜"を発音が同じ"丑"に統合。上から二番目の横棒は右に突き抜けないので注意。"丑闻chǒu wén チョウウェン"は「スキャンダル」（⇒P.48、"闻"）、"出丑chū/chǒu チュチョウ"は「恥をさらす」という意味です。

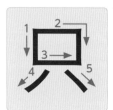

只
zhī ジー
zhǐ ジー

繁体字

只・隻

日本の漢字
只・隻

量 対であるものの片方や小動物の量詞　**副** 〜しかない

「隻」を画数が少ない"只"に統合。"zhī ジー"は量詞で"一只鸟yì zhī niǎo イージー ニァオ"は「一羽の鳥」を表します（⇒P.18、"鸟"）。"zhǐ ジー"は副詞で使われ、"不只bù zhǐ ブージー"は「〜だけでなく」、"只好zhǐ hǎo ジーハオ"が「〜するほかない」です。

汇
huì フゥイ

繁体字

匯・彙

日本の漢字
匯・彙

動 集まる　**名** 為替

"匯"の本来の意味は「集まる」。それに対して、"彙"は主に名詞として用います。簡体字は「さんずい」を外に出し、「隹」を外しました。"汇集huì jí フゥイジー"は「集まる」、"词汇cí huì ツーフゥイ"は「語彙」という意味です（⇒P.38、"词"）。

后
hòu ホウ

繁体字

后・後

日本の漢字
后・後

名 皇后、きさき　**方** 後ろ、あと

"後"の字を発音が同じ"后"「君主の正妻」に統合しました。"后天hòu tiān ホウティエン"は「あさって」（⇒P.126、"天"）、"以后yǐ hòu イーホウ"は「以後」、"后悔hòu huǐ ホウフゥイ"は「後悔する」という意味です。

吃
chī チー

繁体字
吃・喫

日本の漢字
吃・喫

動 食べる、どもる

元は"吃"は「どもる」、"喫"は「食べる」の意味。"好吃hǎo chī ハオチー"は「（食べて）おいしい」、"吃饭chī/fàn チーファン"は「ご飯を食べる」、"吃惊chī/jīng チージィン"は「驚く」です（⇒P.86、"惊"）。

并
bìng ビィン

繁体字
併・並

日本の漢字
併・並

動 合わせる、並べる　**副** 一斉に、決して

「併」と「並」を、"併"の「にんべん」を取ってつくった簡体字にまとめました。"并肩bìng/jiān ビィンジェン"は「肩を並べる」、"并且bìng qiě ビィンチエ"は「しかも」という意味です。

chǒu チォウ

丑

スキャンダル　日本の漢字 醜聞　chǒu wén チォウウェン

丑闻

zhī ジー

只

一羽の鳥　日本の漢字 一隻鳥　yì zhī niǎo イージー ニァオ

一只鸟

zhǐ ジー

只

～だけでなく　日本の漢字 不只　bù zhǐ ブージー

不只

huì フゥイ

汇

集まる　日本の漢字 匯集　huì jí フゥイジー

汇集

hòu ホウ

后

あさって　日本の漢字 後天　hòu tiān ホウティエン

后天

chī チー

吃

(食べて)おいしい　日本の漢字 好喫　hǎo chī ハオチー

好吃

bìng ビィン

并

肩を並べる　日本の漢字 並肩　bìng/jiān ビィンジェン

并肩

十二支の動物

"鼠shǔ シゥ" 「ねずみ (ね)」	"牛niú ニィォ" 「うし」	"虎hǔ フー" 「とら」	"兔tù トゥ" 「うさぎ (う)」	"龙lóng ロン" 「りゅう(たつ)」	"蛇shé ショ" 「へび(み)」
"马mǎ マー" 「うま」	"羊yáng ヤン" 「ひつじ」	"猴hóu ホウ" 「さる」	"鸡jī ジー" 「にわとり(とり)」	"狗gǒu ゴゥ" 「いぬ」	"猪zhū ジゥ" 「ぶた(い)」

レッスン 2 系(系・係・繋)・制(制・製)・松(松・鬆)など

3つの字が1つに統合されたものもあります。

系
xì シー
jì ジー

繁体字
系・係・繋

日本の漢字
系・係・繋

名 系統、大学の学部　**動** しめる、結ぶ

"xì シー"は主に名詞で"关系 guān xi グアンシ"は「関係」です。"jì ジー"は動詞で、"系领带 jì lǐng dài ジー リィンダイ"は「ネクタイを締める」です(⇒P.130、"帯")。

里
lǐ リー

繁体字
里・裏・裡

日本の漢字
里・裏・裡

方 〜の中　**名** 隣近所、郷里

"公里 gōng lǐ ゴンリー"は「キロメートル」、"里边 lǐ bian リービェン"は「内側」(⇒P.128、"辺")。"这里 zhè li ジャリ"「ここ」のように「指示代名詞+"里 li リ"」で場所名詞となり、声調は「軽声」になります(⇒P.144、"这")。

志
zhì ジー

繁体字
志・誌

日本の漢字
志・誌

名詞「志、記録、記号」。"杂志 zá zhì ザァジー"は「雑誌」(⇒P.58、"杂")。

谷
gǔ グー

繁体字
谷・穀

日本の漢字
谷・穀

名詞「谷、穀物」。"谷物 gǔ wù グーウー"は「穀物」という意味です。

舍
shě シヮ
shè シヮ

繁体字
舍・捨

日本の漢字
舍・捨

動詞「捨てる」、名詞「建物」。"宿舍 sù shè スーシヮ"は「宿舍」です。

制
zhì ジー

繁体字
制・製

日本の漢字
制・製

動詞「造る」、名詞「制度」。"制服 zhì fú ジーフー"は「制服」です。

周
zhōu ジョウ

繁体字
周・週

日本の漢字
周・週

名 まわり、周囲、週間　**副** あまねく、すべて

"週"がシンプルな"周"に統合されました。"周围 zhōu wéi ジョウウェイ"は「周り」(⇒P.116、"围")、"周到 zhōu dào ジョウダオ"は「行き届いている」、"周末 zhōu mò ジョウモォ"は「週末」、"周年 zhōu nián ジョウニェン"は「周年」という意味です。

文字や単語、フレーズを書いてみよう！

xì シー
系

関係　日本の漢字 関係　guān xi グアンシ
关系

jì ジー
系

ネクタイを締める　日本の漢字 繋領帯　jì lǐng dài ジー リィンダイ
系领带

lǐ リー
里

キロメートル　日本の漢字 公里　gōng lǐ ゴンリー
公里

ここ　日本の漢字 這裡　zhè li ジョリ
这里

zhì ジー
志

雑誌　日本の漢字 雑誌　zá zhì ザァジー
杂志

gǔ グー
谷

穀物　日本の漢字 穀物　gǔ wù グーウー
谷物

shè シォ
舍

宿舍　日本の漢字 宿舎　sù shè スーシォ
宿舍

zhì ジー
制

制服　日本の漢字 制服　zhì fú ジーフー
制服

zhōu ジォウ
周

周り　日本の漢字 周囲　zhōu wéi ジォウウェイ
周围

征	繁体字 征・徵	動 征伐する、募る 名 兆候
zhēng ジョン	日本の漢字 征・徵	"徵"（元の意味は「徴用する」）を発音が同じ"征"に統合した字。"特征 tè zhēng トゥジョン"は「特徴」、"象征 xiàng zhēng シャンジョン"は「シンボル」、"应征 yìng zhēng インジョン"は「応募する」という意味です。

松	繁体字 松・鬆	名 松の木 形 ゆるい、もろい 動 ゆるめる
sōng ソォン	日本の漢字 松・鬆	"鬆"（元の意味は「ゆるい」）を発音が同じ"松"に統合した字。"轻松 qīng sōng チンソォン"は「気楽だ」、"马拉松 mǎ lā sōng マーラーソォン"は「マラソン」、"松鼠 sōng shǔ ソォンシゥ"は「リス」です。

胡	繁体字 胡・鬍	名 ひげ 形 外来の 副 むやみに
hú フー	日本の漢字 胡・鬍	"鬍"の字を発音が同じ"胡"に統合した字。"胡椒 hú jiāo フージァオ"は「コショウ」、"胡子 hú zi フーズ"は「ひげ」、"胡同 hú tòng フートン"は「路地」という意味です。

面	繁体字 面・麵	名 顔、めん類 動 向く、面する
miàn ミェン	日本の漢字 面・麺	"麵"の字を発音が同じ"面"（元の意味は「顔」）に統合した字。"见面 jiàn/miàn ジェンミェン"は「会う」（⇒P.46、"见"）、"面条 miàn tiáo ミェンティアオ"は「麺類」という意味です。

钟	繁体字 鐘・鍾	名 置き時計、掛け時計、時刻
zhōng ジョン	日本の漢字 鐘・鍾	"鐘"の元の意味は「青銅製の打楽器」です。この漢字を使う語彙のほとんどは名詞。"闹钟 nào zhōng ナオジョン"は「目覚まし時計」（⇒P.48、"闹"）、"钟头 zhōng tóu ジョントウ"は「〜時間」です。「かねへん」（⇒P.36）。

 游	 繁体字 游・遊	動 泳ぐ、遊ぶ 名 河川の一部
yóu ヨウ	日本の漢字 游・遊	"遊"（元の意味は「歩き回る」）を発音が同じ「水関連」の語彙"游"に統合した字。"游泳 yóu/yǒng ヨウヨン"は「泳ぐ」、"旅游 lǚ yóu リュイヨウ"は「旅行する」という意味です。

zhēng ジォン

征

特徴　日本の漢字 特徴　tè zhēng トォジォン

特征

sōng ソォン

松

気楽だ　日本の漢字 軽鬆　qīng sōng チィンソォン

轻松

hú フー

胡

コショウ　日本の漢字 胡椒　hú jiāo フージァオ

胡椒

miàn ミェン

面

会う　日本の漢字 見面　jiàn/miàn ジェンミェン

见面

zhōng ジォン

钟

目覚まし時計　日本の漢字 闹鐘　nào zhōng ナオジォン

闹钟

yóu ヨウ

游

泳ぐ　日本の漢字 游泳　yóu/yǒng ヨウヨン

游泳

"面子 miàn zi ミェンズ"は「メンツ」、"对面 duì miàn ドゥイミェン"は「向かい側」のこと。

"游泳池 yóu yǒng chí ヨウヨンチー"は「プール」、"导游 dǎo yóu ダオヨウ"は「観光ガイド」という意味だよ。

99

おさらいドリル6

1 日本の漢字を簡体字で書いて、中国語の意味と線でつなげましょう。

日本の漢字　　　　簡体字　　　　　　　　　　　　中国語の意味

① 機 （　　　　　）・　　　　　　　　・昇る、上がる

② 昇 （　　　　　）・　　　　　　　　・後ろ、あと

③ 後 （　　　　　）・　　　　　　　　・しめる、結ぶ

④ 喫 （　　　　　）・　　　　　　　　・穀物

⑤ 繋 （　　　　　）・　　　　　　　　・食べる

⑥ 穀 （　　　　　）・　　　　　　　　・募る、兆候

⑦ 徴 （　　　　　）・　　　　　　　　・めん類

⑧ 麺 （　　　　　）・　　　　　　　　・機械、チャンス

答え どの字とどの字が1つに統合されたのか、確認しましょう。

1　① **机**：機械、チャンス　② **升**：昇る、上がる　③ **后**：後ろ、あと

④ **吃**：食べる　⑤ **系**：しめる、結ぶ　⑥ **谷**：穀物　⑦ **征**：募る、兆候

⑧ **面**：めん類

第6章で習ったことを復習しよう！

2 日本の漢字を簡体字で書いて、日本語に訳してみましょう。

日本の漢字　　　　　　簡体字　　　　　　　　　中国語の意味

① 手機 （　　　　　） ➡ （　　　　　　　　）

② 乾杯 （　　　　　） ➡ （　　　　　　　　）

③ 一隻鳥 （　　　　　） ➡ （　　　　　　　　）

④ 後天 （　　　　　） ➡ （　　　　　　　　）

⑤ 這裡 （　　　　　） ➡ （　　　　　　　　）

⑥ 特徴 （　　　　　） ➡ （　　　　　　　　）

⑦ 軽鬆 （　　　　　） ➡ （　　　　　　　　）

⑧ 鬧鐘 （　　　　　） ➡ （　　　　　　　　）

答え　"机 jī ジー"には、「機械」と「チャンス」という意味があります。

2　① **手机**：携帯電話　② **干杯**：乾杯する　③ **一只鸟**：一羽の鳥

④ **后天**：あさって　⑤ **这里**：ここ　⑥ **特征**：特徴　⑦ **轻松**：気楽だ

⑧ **闹钟**：目覚まし時計

コラム❼

離合詞って何？

離合詞は文字通り「切り離したり、結合させたり」することができる特殊な動詞です。離合詞は、ときに間にほかの成分が入ることがあります。たとえば、"游泳 yóu/yǒng ヨウヨン"は「泳ぐ」という意味の動詞ですが、単語の構造は「動詞＋目的語」になっています。つまり"游 yóu ヨウ"が動詞、"泳 yǒng ヨン"が目的語で、直訳すれば「泳ぎを泳ぐ」という意味です。

本書では、離合詞の動詞と目的語の発音記号の間に「/」の記号を入れています。ここでいくつかの掲載例を紹介しましょう。

❶ "看书 kàn/shū カンシゥ"「本を読む」(⇒P.12、"书")

"看"「(声を出さずに)読む」＋"书"「本」＝"看书 kàn/shū カンシゥ"

❷ "钓鱼 diào/yú ディアオユィ"「魚を釣る」(⇒P.18、"鱼")

"钓"「釣る」＋"鱼"「魚」＝"钓鱼 diào/yú ディアオユィ"

❸ "赚钱 zhuàn/qián ジァンチェン"「金もうけをする」(⇒P.34、"赚")

"赚"「もうける」＋"钱"「お金」＝"赚钱 zhuàn/qián ジァンチェン"

❹ "杀价 shā/jià シァジア"「買いたたく」(⇒P.60、"杀")

"杀"「減らす」＋"价"「価格」＝"杀价 shā/jià シァジア"

❺ "毕业 bì/yè ビーイエ"「卒業する」(⇒P.78、"毕")

"毕"「終了する」＋"业"「学業」＝"毕业 bì/yè ビーイエ"

❻ "干杯 gān/bēi ガンベイ"「乾杯する」(⇒P.92、"干")

"干"「飲み干す」＋"杯"「さかずき」＝"干杯 gān/bēi ガンベイ"

❼ "伤心 shāng/xīn シャンシン"「心を痛める」(⇒P.110、"伤")

"伤"「傷つける」＋"心"「心」＝"伤心 shāng/xīn シャンシン"

第 **7** 章
やさしいパーツに入れ替える

字の一部を書きやすいパーツに入れ替え、画数を減らした簡体字です。なかでも2画の"又"というパーツは、よく使われます。ほかにも、さまざまなパーツを使い、画数の多い繁体字の画数を減らしてつくられています。

繁体字		簡体字
漢	→	汉 hàn ハン
齊	→	齐 qí チー
議	→	议 yì イー

繁体字		簡体字
歡	→	欢 huān ホアン
風	→	风 fēng フォン
動	→	动 dòng ドン

レッスン 1　又・‖ のパーツに入れ替え

2画のパーツに入れ替え一気に画数が減りました。

hàn ハン

繁体字 漢

日本の漢字 漢

名 中国、漢民族、男性

"汉"は「中国」を表す字。「漢字」は"汉字Hàn zì ハンズー"、「中国語」は"中文Zhōng wén ジォンウェン"または"汉语Hàn yǔ ハンユィ"と表します（⇒P.40、"语"）。"汉族Hàn zú ハンズー"は「漢民族」という意味です。

欢

huān ホアン

繁体字 歡

日本の漢字 歓

動 喜ぶ、好む

"喜欢xǐ huan シーホアン"は「好きだ」、"欢送会huān sòng huì ホアンソォンフゥイ"は「送別会」という意味です。中国系の観光客が多い場所では"热烈欢迎rè liè huān yíng ルゥリィエホアンイン"「熱烈に歓迎します」の文字をよく目にします。

难

nán ナン
nàn ナン

繁体字 難

日本の漢字 難

形容詞「難しい」で"困难kùn nan クゥンナン"は「困難だ」です。「～しにくい」という動詞でもあります。

劝

quàn チュアン

繁体字 勸

日本の漢字 勧

「すすめる、忠告する」という動詞。"劝酒quàn/jiǔ チュアンジィオ"は「酒をすすめる」という意味です。

仅

jǐn ジン

繁体字 僅

日本の漢字 僅

「たった、ただ」という主に文語で用いる副詞。"不仅bù jǐn ブージン"は「～だけでない」という意味です。

权

quán チュアン

繁体字 權

日本の漢字 権

「権力、権利」という名詞。"政权zhèng quán ジォンチュアン"は「政権」という意味です。

---

shèng シォン

繁体字 聖

日本の漢字 聖

形容詞「聖なる」。"圣诞节Shèng dàn jié シォンダンジエ"は「クリスマス」。名詞「聖人」でもあります。

---

xì シー

繁体字 戲

日本の漢字 戯

名詞「遊び、劇」で"游戏yóu xì ヨウシー"は「ゲーム」という意味。「からかう」という動詞でもあります。

文字や単語、フレーズを書いてみよう！

hàn ハン

汉

漢字 日本の漢字 漢字　Hàn zì ハンズー

汉字

huān ホアン

欢

好きだ 日本の漢字 喜歓　xǐ huan シーホアン

喜欢

nán ナン

难

困難だ 日本の漢字 困難　kùn nan クゥンナン

困难

quàn チュアン

劝

酒をすすめる 日本の漢字 勧酒　quàn/jiǔ チュアンジィオ

劝酒

jǐn ジン

仅

～だけでない 日本の漢字 不僅　bù jǐn ブージン

不仅

quán チュアン

权

政権 日本の漢字 政権　zhèng quán ジョンチュアン

政权

shèng ション

圣

クリスマス 日本の漢字 聖誕節　Shèng dàn jié ションダンジエ

圣诞节

xì シー

戏

"难"には「災い」という意味もある。
発音は"nàn ナン"と第4声になるよ。

ゲーム 日本の漢字 游戯　yóu xì ヨウシー

游戏

第7章 やさしいパーツに入れ替える

105

対

duì ドゥイ

繁体字 **對**
日本の漢字 **対**

動 〜に対する、向かい合う　**形** 正しい、その通りだ
量 対になったもの

「間違いだ」は"**不对**bú duì ブードゥイ"（または"**错**cuò ツオ"）、「はい」と返事するときは"**对**duì ドゥイ"（または"**是**shì シー"）と言います。"**对面**duì miàn ドゥイミェン"は「向かい側」です。

鸡

jī ジー

繁体字 **雞**
日本の漢字 **鶏**

名 にわとり

「鳥」の部分も略されています（⇒P.18、"**鸟**"）。"**鸡肉**jī ròu ジーロウ"は「鶏肉」を表します。ちなみに「アヒル」は"**鸭**yā ヤー"で、「北京ダック」は"**烤鸭**kǎo yā カオヤー"です。

树

shù シゥ

繁体字 **樹**
日本の漢字 **樹**

「樹木」という名詞で"**树林**shù lín シゥリン"は「林」です。「樹立する」という動詞でもあります。

择

zé ゼゥ

繁体字 **擇**
日本の漢字 **択**

動詞「選ぶ」。"**选择**xuǎn zé シュアンゼゥ"は「選ぶ」（⇒P.144、"**选**"）。"**译**yì イー"（訳）も同じ略し方です。

紧

jǐn ジン

繁体字 **緊**
日本の漢字 **緊**

形 きつい　**動** きつく締める

下パーツの「糸」は、縦棒の下がはねます。"**紧张**jǐn zhāng ジンジャン"は「緊張する」（⇒P.16、"**张**"）、"**赶紧**gǎn jǐn ガンジン"は「急いで」という意味です。反義語は"**松**sōng ソォン"「ゆるい」（⇒P.98、"**松**"）です。

览

lǎn ラン

繁体字 **覽**
日本の漢字 **覽**

「眺める、見る」という動詞。下の「見」も略されています。"**游览**yóu lǎn ヨウラン"は「見物する」です。

坚

jiān ジェン

繁体字 **堅**
日本の漢字 **堅**

「かたくて頑丈だ」という形容詞。"**坚固**jiān gù ジェングー"は「丈夫だ」という意味です。

监

jiān ジェン

繁体字 **監**
日本の漢字 **監**

動詞「監督する」で"**监视**jiān shì ジェンシー"は「監視する」（⇒P.46、"**视**"）。名詞「刑務所」でもあります。

篮

lán ラン

繁体字 **籃**
日本の漢字 **籃**

名詞「かご」で"**篮球**lán qiú ランチィオ"は「バスケットボール」です。"**蓝**lán ラン"（藍）も同じ略し方です。

duì ドゥイ

対

間違いだ 日本の漢字 不対　bú duì ブードゥイ

不対

jī ジー

鸡

鶏肉 日本の漢字 鶏肉　jī ròu ジーロウ

鸡肉

shù シゥ

树

林 日本の漢字 樹林　shù lín シゥリン

树林

zé ゼヲ

择

選ぶ 日本の漢字 選択　xuǎn zé シュアンゼヲ

选择

jǐn ジン

紧

緊張する 日本の漢字 緊張　jǐn zhāng ジンジァン

紧张

lǎn ラン

览

見物する 日本の漢字 游覧　yóu lǎn ヨウラン

游览

jiān ジェン

坚

丈夫だ 日本の漢字 堅固　jiān gù ジェングー

坚固

jiān ジェン

监

監視する 日本の漢字 監視　jiān shì ジェンシー

监视

lán ラン

篮

バスケットボール 日本の漢字 籃球　lán qiú ランチィオ

篮球

第7章　やさしいパーツに入れ替える

107

リ・メ・力 のパーツに入れ替え

レッスン **2**

2画のパーツに入れ替え一気に画数を減らしました。

繁体字 價

日本の漢字 価

jià ジア

名 価格、値段、価値

日本の漢字は繁体字の一部を使っています。"**价钱** jià qian ジアチェン"は「値段」（⇒P.36、"钱"）、"**物价** wù jià ウージア"は「物価」、"**半价** bàn jià バンジア"は「半額」という意味です。"**讲价** jiǎng/jià ジアンジア"は「値段交渉する」です（⇒P.38、"讲"）。

齐

繁体字 齊

日本の漢字 斉

qí チー

形容詞「揃っている」。"**齐全** qí quán チーチュアン"は「完備している」です。動詞「揃える」でもあります。

济

繁体字 濟

日本の漢字 済

jì ジー

動詞「救済する、助ける」。"**经济** jīng jì ジィンジー"「経済」は、economyの訳語です（⇒P.26、"经"）。

侨

繁体字 僑

日本の漢字 僑

qiáo チァオ

動詞「国外に居留する」、名詞「国外に居留する人」。"**华侨** huá qiáo フゥアチァオ"は「華僑」（⇒P.148、"华"）。

骄

繁体字 驕

日本の漢字 驕

jiāo ジアオ

形容詞「おごり高ぶっている」。"**骄傲** jiāo ào ジアオアオ"は「傲慢だ」（「誇らしい」の意味もあります）。

繁体字 橋

日本の漢字 橋

qiáo チァオ

名 橋

"**天桥** tiān qiáo ティエンチァオ"は「陸橋、歩道橋」、"**桥牌** qiáo pái チァオパイ"は「(トランプ遊びの) ブリッジ」です。"**桥梁** qiáo liáng チァオリァン"は「橋、かけ橋」という意味です。量詞は"**座** zuò ズオ"を用います。

养

繁体字 養

日本の漢字 養

yǎng ヤン

動 養う、育てる、飼育する

上部分は日本の漢字と書き方が異なるので注意してください。"**养成** yǎng chéng ヤンチォン"は「身につける」、"**营养** yíng yǎng インヤン"は「栄養」です。

文字や単語、フレーズを書いてみよう！

jià ジア

价

値段　日本の漢字 価銭　jià qian ジアチェン

价钱

qí チー

齐

完備している　日本の漢字 斉全　qí quán チーチュアン

齐全

jì ジー

济

経済　日本の漢字 経済　jīng jì ジィンジー

经济

qiáo チァオ

侨

華僑　日本の漢字 華僑　huá qiáo フゥアチァオ

华侨

jiāo ジァオ

骄

傲慢だ　日本の漢字 驕傲　jiāo ào ジァオアオ

骄傲

qiáo チァオ

桥

陸橋、歩道橋　日本の漢字 天橋　tiān qiáo ティエンチァオ

天桥

yǎng ヤン

养

身につける　日本の漢字 養成　yǎng chéng ヤンチョン

养成

第7章

やさしいパーツに入れ替える

「外国に居留する日本人」のことは、
"日侨 rì qiáo リーチァオ" と言うよ。

fēng フォン

名 風、気風、習慣

内側を×のパーツに入れ替えました。"吹风机 chuī fēng jī チゥイフォンジー"は「ドライヤー」(⇒P.92、"机")、"兜风 dōu/fēng ドウフォン"は「ドライブする」、"风景 fēng jǐng フォンジィン"は「風景」という意味です。

gāng ガァン

副 ～して間もない、ちょうど 形 丈夫で強い

"刚才 gāng cái ガァンツァイ"「ついさっき」は名詞で、"刚刚 gāng gāng ガァンガァン"「たったいま～したばかり」は副詞です。どちらも時間を表す語ですが、品詞が異なります。

gǎng ガァン

名詞「丘、職場」。"岗位 gǎng wèi ガァンウェイ"は「職場」、"下岗 xià/gǎng シァガァン"は「リストラされる」。

zhào ジャオ

昔の国名で、中国人に多い名字 (⇒P.90、コラム)。"小赵 xiǎo Zhào シァオジャオ"は「趙くん、趙さん」。

gāng ガァン

名 はがね

日本語の「鋼」とほぼ同じ意味。"不锈钢 bú xiù gāng ブーシィオガァン"は「ステンレス」、"钢笔 gāng bǐ ガァンビー"は「万年筆」という意味です。「かねへん」(⇒P.36)。

shāng シャン

名 きず、けが 動 傷つける

「昜」の部分が「力」のパーツに入れ替わりました。"受伤 shòu/shāng ショウシャン"は「けがする」、"悲伤 bēi shāng ベイシャン"は「悲しむ」、"伤心 shāng/xīn シャンシン"は「心を痛める」という意味です。

qióng チョン

形 貧しい 動 尽きる

"贫穷 pín qióng ピィンチョン"は「貧しい」、"穷苦 qióng kǔ チョンクー"は「貧乏で苦しい」、"无穷 wú qióng ウーチョン"は「無限だ」という意味です (⇒P.18、"无")。

fēng フォン
风

ドライヤー　日本の漢字 吹風機　chuī fēng jī チゥイフォンジー
吹风机

gāng ガァン
刚

ついさっき　日本の漢字 剛才　gāng cái ガァンツァイ
刚才

gǎng ガァン
岗

職場　日本の漢字 崗位　gǎng wèi ガァンウェイ
岗位

zhào ジァオ
赵

趙くん、趙さん　日本の漢字 小趙　xiǎo Zhào シァオジァオ
小赵

gāng ガァン
钢

ステンレス　日本の漢字 不銹鋼　bú xiù gāng ブーシィオガァン
不锈钢

shāng シャン
伤

けがする　日本の漢字 受傷　shòu/shāng シォウシャン
受伤

qióng チョン
穷

貧しい　日本の漢字 貧窮　pín qióng ピィンチョン
贫穷

第7章　やさしいパーツに入れ替える

"小 xiǎo シァオ"は名字や子どもの名前、動物の名前の前につけて、親しみをこめて呼ぶときに使うんだ。男性にも女性にも使えるよ。

111

レッスン3 夕・乂・汤・不・仑のパーツに入れ替え

3画、4画のパーツに入れ替え画数が減りました。

岁 suì スイ

繁体字 歳
日本の漢字 歳

名 年　量 年齢を数える量詞

"压岁钱 yā suì qián ヤースイチェン"は「お年玉」(⇒P.132、"压")、"岁月 suì yuè スイユェ"は「歳月」。年配の人に年齢を聞くときは、"多大岁数 Duō dà suì shu? ドゥオダー スイシゥ"「おいくつですか?」と聞きます。

将 jiāng ジャン　jiàng ジャン

繁体字 將
日本の漢字 将

「もうすぐ〜」という副詞で、"将来 jiāng lái ジャンライ"は「将来」。書き言葉で使うことが多いです。

奖 jiǎng ジャン

繁体字 獎
日本の漢字 奨

名詞「賞品」、動詞「励ます、褒める」。"奖金 jiǎng jīn ジャンジン"は「賞与、ボーナス」という意味です。

酱 jiàng ジャン

繁体字 醬
日本の漢字 醬

名詞「みそ、ペースト状の食品」。"豆瓣酱 dòu bàn jiàng ドゥバンジャン"は「トウバンジャン」です。

仪 yí イー

繁体字 儀
日本の漢字 儀

名詞「礼儀、プレゼント、計器」。"仪式 yí shì イーシー"は「儀式」、"司仪 sī yí スーイー"は「司会者」です。

议 yì イー

繁体字 議
日本の漢字 議

名 意見　動 討論する

「義」の簡体字は"乂 yì イー"。これを使って画数を減らしました。"会议 huì yì フゥイイー"は「会議」、"建议 jiàn yì ジェンイー"は「提案する」という意味です。「ごんべん」(⇒P.38)。

蚁 yǐ イー

繁体字 蟻
日本の漢字 蟻

名詞「(昆虫の)アリ」。一字でも「アリ」の意味ですが、「アリ」は"蚂蚁 mǎ yǐ マーイー"とも言います。

汤 tāng タァン

繁体字 湯
日本の漢字 湯

名詞「スープ」。"汤面 tāng miàn タァンミェン"は「タンメン」、"汤匙 tāng chí タァンチー"は「さじ」です。

文字や単語、フレーズを書いてみよう！

suì スイ	お年玉 日本の漢字 圧歳銭 yā suì qián ヤースイチェン
岁	压岁钱

jiāng ジャン	将来 日本の漢字 将来 jiāng lái ジャンライ
将	将来

jiǎng ジャン	賞与、ボーナス 日本の漢字 奨金 jiǎng jīn ジャンジン
奖	奖金

jiàng ジャン	トウバンジャン 日本の漢字 豆瓣醤 dòu bàn jiàng ドウバンジァン
酱	豆瓣酱

yí イー	儀式 日本の漢字 儀式 yí shì イーシー
仪	仪式

yì イー	会議 日本の漢字 会議 huì yì フゥイイー
议	会议

yǐ イー	アリ 日本の漢字 =蟻 mǎ yǐ マーイー
蚁	蚂蚁

tāng タァン
汤

タンメン 日本の漢字 湯麺 tāng miàn タァンミェン
汤面

113

chǎng チァン

繁体字 場

日本の漢字 場

名 場所　**量** 試合や舞台の上演回数を表す量詞

右側のつくりは「昜」を簡略化したもので、「易」ではありません（⇒P.138、"**踢**"）。"**机场** jī chǎng ジーチァン"は「空港」（⇒P.92、"**机**"）、"**市场** shì chǎng シーチァン"は「市場、マーケット」という意味です。

yáng ヤン

繁体字 揚

日本の漢字 揚

「あがる、広く知らせる」という動詞。"**表扬** biǎo yáng ビァオヤン"は「ほめる、表彰する」です。

huán ホアン

繁体字 環

日本の漢字 環

名詞「輪っか状のもの」、動詞「取り巻く」。"**环境** huán jìng ホアンジィン"は「環境」という意味です。

hái ハイ
huán ホアン

繁体字 還

日本の漢字 還

副 まだ、やはり　**動** 返す

"hái ハイ"と発音すると副詞で、"**还没〜** hái méi ハイメイ"は「まだ〜していない」、"**还是** hái shi ハイシ"は「やはり、それとも」。"huán ホアン"は動詞で、"**还书** huán/shū ホアンシゥ"は「本を返す」という意味です（⇒P.12、"**书**"）。

huái ホアイ

繁体字 懷

日本の漢字 懐

動詞「思う、身ごもる」、名詞「思い、ふところ」。"**关怀** guān huái グアンホアイ"は「気にかける」です。

坏

huài ホアイ

繁体字 壞

日本の漢字 壊

形容詞「悪い」。"**坏处** huài chù ホアイチゥ"は「悪いところ」、反義語は"**好** hǎo ハオ"「よい」です。

lùn ルゥン

繁体字 論

日本の漢字 論

動 論じる　**名** 論説

「侖」の簡体字"**仑**"をパーツとして使っています。"**结论** jié lùn ジエルゥン"は「結論」、"**无论** wú lùn ウールゥン"は「〜を問わず」（⇒P.18、"**无**"）、"**论文** lùn wén ルゥンウェン"は「論文」という意味です。

lún ルゥン

繁体字 倫

日本の漢字 倫

「人と人との間柄、条理」という名詞。"**伦理** lún lǐ ルゥンリー"は「倫理」という意味です。

lún ルゥン

繁体字 輪

日本の漢字 輪

名詞「車輪、汽船」で"**轮胎** lún tāi ルゥンタイ"は「タイヤ」です。「順番にやる」という動詞でもあります。

chǎng チァン

场

空港　日本の漢字 機場　jī chǎng ジーチァン

机场

yáng ヤン

扬

ほめる、表彰する　日本の漢字 表揚　biǎo yáng ビァオヤン

表扬

huán ホアン

环

環境　日本の漢字 環境　huán jìng ホアンジィン

环境

hái ハイ

还

まだ〜していない　日本の漢字 還没　hái méi ハイメイ

还没

huán ホアン

还

本を返す　日本の漢字 還書　huán/shū ホアンシゥ

还书

huái ホアイ

怀

気にかける　日本の漢字 関懐　guān huái グアンホアイ

关怀

huài ホアイ

坏

悪いところ　日本の漢字 壊処　huài chù ホアイチゥ

坏处

lùn ルゥン

论

結論　日本の漢字 結論　jié lùn ジエルゥン

结论

lún ルゥン

伦

倫理　日本の漢字 倫理　lún lǐ ルゥンリー

伦理

lún ルゥン

轮

タイヤ　日本の漢字 輪胎　lún tāi ルゥンタイ

轮胎

115

レッスン 4 云·韦·头·尧のパーツに入れ替え

4、5、6画のパーツに入れ替え画数が減りました。

dòng ドン

繁体字 動
日本の漢字 動

動 動く、行動する

意味は日本語の「動」とほぼ同じです。"**动物园**dòng wù yuán ドンウーユェン"は「動物園」（⇒P.82、"**园**"）、"**运动**yùn dòng ユィンドン"は「運動」（⇒P.80、"**运**"）、"**动画片**dòng huà piàn ドンフゥアピェン"は「アニメーション」という意味です（⇒P.128、"**画**"）。

céng ツォン

繁体字 層
日本の漢字 層

名詞「階、層」で"**上层**shàng céng シャンツォン"は「上層部」です。建物の階数を数える量詞でもあります。

tán タン

繁体字 壇
日本の漢字 壇

「分野、〜界、土を盛って高くしたところ」という名詞。"**体坛**tǐ tán ティタン"は「スポーツ界」です。

cháng チャン

繁体字 嘗
日本の漢字 嘗

動 味を見る、経験する

"**吃**chī チー"は「食べる」ですが、こちらは「味わう」という意味です。"**尝尝**cháng chang チャンチャン"は「味をみてみる」、"**尝试**cháng shì チャンシー"は「試してみる」という意味を表します（⇒P.40、"**试**"）。

wěi ウェイ

繁体字 偉
日本の漢字 偉

形 すぐれている、りっぱだ

"**伟人**wěi rén ウェイレン"は「偉人」、"**伟大**wěi dà ウェイダー"は「偉大だ」です。"**雄伟**xióng wěi ションウェイ"は「雄大だ」、"**宏伟**hóng wěi ホンウェイ"は「壮大だ」という意味です。

wéi ウェイ

繁体字 圍
日本の漢字 囲

動詞「囲む」、名詞「まわり」。"**氛围**fēn wéi フェンウェイ"は「雰囲気」という意味です。

wéi ウェイ

繁体字 違
日本の漢字 違

動詞「背く、別れる」。"**久违**Jiǔ wéi。ジィオウェイ"は「お久しぶりです」という意味です。

文字や単語、フレーズを書いてみよう！

dòng ドン

动

céng ツォン

层

tán タン

坛

cháng チャン

尝

wěi ウェイ

伟

wéi ウェイ

围

wéi ウェイ

违

動物園　日本の漢字 動物園　dòng wù yuán ドンウーユェン

动物园

上層部　日本の漢字 上層　shàng céng シャンツォン

上层

スポーツ界　日本の漢字 体壇　tǐ tán ティタン

体坛

味をみてみる　日本の漢字 嘗嘗　cháng chang チャンチャン

尝尝

偉人　日本の漢字 偉人　wěi rén ウェイレン

伟人

雰囲気　日本の漢字 氛囲　fēn wéi フェンウェイ

氛围

お久しぶりです。　日本の漢字 久違　Jiǔ wéi ジィオウェイ

久违。　　　　。

第7章

やさしいパーツに入れ替える

「建物の五階」は"五层wǔ céng ウーツォン"だよ。"五楼wǔ lóu ウーロウ"という言い方もあるんだよ。

	繁体字	
	買	
	日本の漢字	
	買	

mǎi マイ

動 買う

草書体からつくった"头tóu トウ"（頭）の簡体字をパーツに使っています。"买东西mǎi dōng xi マイドンシ"は「買い物をする」（⇒P.18、"东"）、"买单mǎi/dān マイダン"は「勘定を払う」という意味です（⇒P.128、"单"）。

卖

繁体字
賣
日本の漢字
売

mài マイ

動 売る

"买mǎi マイ"とよく似ているので注意！ "买卖mǎi mai マイマイ"は「売買」（日本語と字の順番が逆になる）、"贩卖fàn mài ファンマイ"は「販売」、"小卖部xiǎo mài bù シァオマイブー"は「売店」です。

实

繁体字
實
日本の漢字
実

shí シー

形容詞「満ちている、本当だ」、副詞「実際に」。"老实lǎo shi ラオシ"は「まじめだ」という意味です。

读

繁体字
讀
日本の漢字
読

dú ドゥ

「（声に出して）読む」という動詞。"朗读lǎng dú ラァンドゥ"は「朗読する」という意味です。

续

繁体字
續
日本の漢字
続

xù シュイ

動 続く、つけ加える

"读dú ドゥ"と形が似ているので注意！ "连续lián xù リェンシュイ"は「連続する」（⇒P.14、"连"）、"手续shǒu xù シォウシュイ"は「手続き」という意味です。「手続きをする」という動詞は"办bàn バン"です（⇒P.136、"办"）。

烧

繁体字
燒
日本の漢字
焼

shāo シァオ

動 焼く、（飯を）炊く、（湯を）沸かす、熱が出る

"发烧fā/shāo ファーシァオ"は「熱が出る」という意味です（⇒P.18、"发"）。料理用語としては、"叉烧肉chā shāo ròu チャシァオロウ"「チャーシューのようなあぶり焼き」、"红烧hóng shāo ホンシァオ"「しょうゆ味の煮込み」にこの字を使います（⇒P.26、"红"）。

繁体字
澆
日本の漢字
澆

jiāo ジァオ

「注ぐ、かける」という動詞。"浇花jiāo/huā ジァオフゥア"は「花に水をやる」という意味です。

晓

繁体字
曉
日本の漢字
曉

xiǎo シァオ

名詞「暁、夜明け」、動詞「知っている、明らかにする」。"揭晓jiē xiǎo ジエシァオ"は「発表する」です。

第7章　やさしいパーツに入れ替える

mǎi マイ

买

買い物をする　日本の漢字 買東西　mǎi dōng xi マイドンシ

买东西

mài マイ

卖

売買　日本の漢字 買売　mǎi mai マイマイ

买卖

shí シ

实

まじめだ　日本の漢字 老実　lǎo shi ラオシ

老实

dú ドゥ

读

朗読する　日本の漢字 朗読　lǎng dú ラァンドゥ

朗读

xù シュイ

续

連続する　日本の漢字 連続　lián xù リェンシュイ

连续

shāo シァオ

烧

熱が出る　日本の漢字 発焼　fā/shāo ファーシァオ

发烧

jiāo ジァオ

浇

花に水をやる　日本の漢字 澆花　jiāo/huā ジァオフゥア

浇花

xiǎo シァオ

晓

発表する　日本の漢字 揭暁　jiē xiǎo ジエシァオ

揭晓

「春眠暁を覚えず」ではじまる“《春暁 Chūn xiǎo》チゥンシァオ”（春暁）は、日本でも有名な漢詩だね！

119

レッスン 5 金のパーツに入れ替え

7画のパーツに入れ替え画数が減りました。

xiǎn シェン

繁体字 險
日本の漢字 険

形 険しい、危険だ　**名** 危険、災難

"**风险**fēng xiǎn フォンシェン"は「リスク」(⇒P.110、"**风**")、"**冒险**mào/xiǎn マオシェン"は「冒険する」という意味です。"**保险**bǎo xiǎn バオシェン"には「安全で頼りになる」という意味のほか、「保険」という意味もあります。

---

jiǎn ジェン

繁体字 撿
日本の漢字 撿

動 拾う

"**捡垃圾**jiǎn lā jī ジェン ラージー"で「ごみを拾う」という意味です。「方向補語」と一緒に使うこともあります。例えば、"**捡起来**jiǎn qǐ lai ジェン チーライ"は「拾い上げる」という意味になります。

---

liǎn リェン

繁体字 臉
日本の漢字 臉

名 顔、面目

「顔」は"**颜**yán イエン"ではなく"**脸**liǎn リェン"です (⇒P.30、"**颜**")。日本ではほとんど見ない漢字ですが、中国語ではよく使います。"**洗脸**xǐ/liǎn シーリェン"は「顔を洗う」、"**刮脸**guā/liǎn グゥアリェン"は「ひげをそる」という意味です。

---

jiǎn ジェン

繁体字 檢
日本の漢字 検

動 調べる

"**检索**jiǎn suǒ ジェンスオ"は「検索する」です。また中国の地下鉄や電車の駅では手荷物検査をよく見かけますが、このような「セキュリティーチェック」を"**安检**ān jiǎn アンジェン"といいます。

---

yàn イエン

繁体字 驗
日本の漢字 験

動詞「検査する、効き目がある」。"**经验**jīng yàn ジィンイエン"は「経験、経験する」です (⇒P.26、"**经**")。

---

qiān チェン

繁体字 簽
日本の漢字 簽

動詞「サインする」で"**签名**qiān/míng チェンミィン"も「サインする」です。名詞「くじ」でもあります。

 文字や単語、フレーズを書いてみよう！

xiǎn シェン

险

jiǎn ジェン

捡

liǎn リェン

脸

jiǎn ジェン

检

yàn イエン

验

qiān チェン

签

リスク 日本の漢字 風険 fēng xiǎn フォンシェン

风险

ごみを拾う 日本の漢字 撿＝＝ jiǎn lā jī ジェン ラージー

捡垃圾

顔を洗う 日本の漢字 洗臉 xǐ/liǎn シーリェン

洗脸

検索する 日本の漢字 検索 jiǎn suǒ ジェンスオ

检索

経験、経験する 日本の漢字 経験 jīng yàn ジィンイエン

经验

サインする 日本の漢字 簽名 qiān/míng チェンミィン

签名

"颜 yán イエン"という字は、中国語では「色、カラー」という意味で使うことが多いよ。"颜色 yán sè イエンソォ"は「カラー」という意味なんだ。

おさらいドリル7

1 日本の漢字を簡体字で書いて、中国語の意味と線でつなげましょう。

| 日本の漢字 | 簡体字 | 中国語の意味 |

① 漢（　　　　　）・　　　　　　　　　・養う、育てる、飼育する

② 聖（　　　　　）・　　　　　　　　　・〜して間もない、ちょうど、丈夫で強い

③ 覧（　　　　　）・　　　　　　　　　・中国、漢民族、男性

④ 養（　　　　　）・　　　　　　　　　・聖なる、聖人

⑤ 剛（　　　　　）・　　　　　　　　　・貧しい、尽きる

⑥ 窮（　　　　　）・　　　　　　　　　・礼儀、プレゼント、計器

⑦ 儀（　　　　　）・　　　　　　　　　・眺める、見る

⑧ 還（　　　　　）・　　　　　　　　　・まだ、やはり、返す

答え やさしいパーツに入れ替えられた部分を、確認しましょう。

1 ① **汉**：中国、漢民族、男性　② **圣**：聖なる、聖人　③ **览**：眺める、見る　④ **养**：養う、育てる、飼育する　⑤ **刚**：〜して間もない、ちょうど、丈夫で強い　⑥ **穷**：貧しい、尽きる　⑦ **仪**：礼儀、プレゼント、計器　⑧ **还**：まだ、やはり、返す

2 日本の漢字を簡体字で書いて、日本語に訳してみましょう。

日本の漢字	簡体字	中国語の意味

① 価銭 （　　　　　）➡（　　　　　　　　　）

② 奨金 （　　　　　）➡（　　　　　　　　　）

③ 機場 （　　　　　）➡（　　　　　　　　　）

④ 関懐 （　　　　　）➡（　　　　　　　　　）

⑤ 壊処 （　　　　　）➡（　　　　　　　　　）

⑥ 嘗嘗 （　　　　　）➡（　　　　　　　　　）

⑦ 買売 （　　　　　）➡（　　　　　　　　　）

⑧ 風険 （　　　　　）➡（　　　　　　　　　）

答え "价 jià ジア"は、「価格、値段、価値」という意味の名詞です。

2 ① **价钱**：値段 ② **奖金**：賞与、ボーナス ③ **机场**：空港 ④ **关怀**：気にかける ⑤ **坏处**：悪いところ ⑥ **尝尝**：味をみてみる ⑦ **买卖**：売買 ⑧ **风险**：リスク

コラム❽

語気助詞って何？

　日本語でも、「そうですよ」や「そうですね」、「そうですかね」といったように、語尾に「よ」「ね」「かね」などをつけてニュアンスを表すことがありますね。中国語にも、語尾につけることで、その微妙なニュアンスを表す語気助詞というものがあります。よく使う単音節の語気助詞を紹介しましょう。

❶ "吗 ma マ"「～ですか？／～しますか？」(⇒P.12、"吗")

相手に問いかけ、返事を求める語気助詞です。文末に「？」をつけ、イントネーションは尻上がりになります。

❷ "吧 ba バ"「～しましょう／～ですよね」(⇒P.134、"吧")

相手に提案したり、催促したりする語気助詞です。この語気助詞は、推測や承知のニュアンスを表すこともあります。どのニュアンスにあてはまるかは文脈で判断します。

❸ "呢 ne ナヲ"「～でしょうか？／～は？」(⇒P.136、"呢")

ソフトなニュアンスで相手に問いかけ、返事を求める語気助詞です。名詞もしくは人称代名詞の後ろに置き、省略疑問文をつくることもあります。

❹ "啊 a ア"「なんて～だろう／～しなさい」

感嘆のニュアンスを表す語気助詞です。言い方を和らげたり、呼びかけたり、催促したりという意味をもつこともあります。その直前の末尾音によって、発音しやすくなるように "呀 ya ヤ"、"哇 wa ワ"、"哪 na ナ" と音が変わります。

❺ "了 le ラヲ"「～になった」

新しい事態の発生や状況の変化を表す語気助詞です。

❻ "的 de ドヲ"「～なのです」

強調するニュアンスを表す語気助詞です。

第8章
日本の漢字と微妙に違う字など

日本語の字と微妙に形が違う字、日本語のほうが画数の少ない字（意外！）、日本語にはない字、日本語ではあまり見ない字を紹介します。日本語の字と微妙に違う字はまぎらわしいので、気をつけて練習してください。

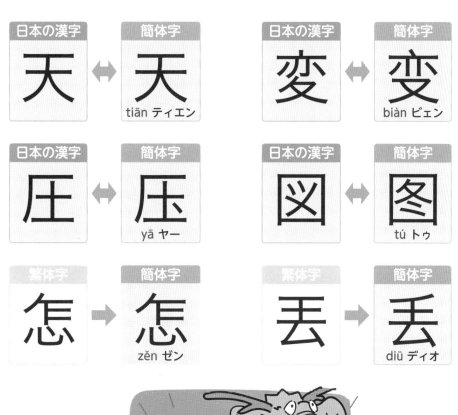

日本の漢字	簡体字
天 ↔ 天	tiān ティエン

日本の漢字	簡体字
変 ↔ 变	biàn ビェン

日本の漢字	簡体字
圧 ↔ 压	yā ヤー

日本の漢字	簡体字
図 ↔ 图	tú トゥ

繁体字	簡体字
怎 → 怎	zěn ゼン

繁体字	簡体字
丢 → 丢	diū ディオ

レッスン 1 今（今）・写（写）など日本語の字と微妙に違う字

細かい違いが多いので、よく見て練習しましょう。

jīn ジン

繁体字 今
日本の漢字 今

名 今、現在

真ん中の横棒が「点」になります。意味は日本語の字とほぼ同じ。"**今天** jīn tiān ジンティエン"は「今日」という意味で、"**今年** jīn nián ジンニェン"は「今年」です。

tiān ティエン

繁体字 天
日本の漢字 天

名 空、（一日の）日、季節

二本の横棒の上が短く、下が長いので注意。"**每天** měi tiān メイティエン"は「毎日」、"**明天** míng tiān ミィンティエン"は「明日」、"**星期天** xīng qī tiān シィンチーティエン"は「日曜日」という意味です。

---

tīng ティン

繁体字 廳
日本の漢字 庁

名 ホール、広間

一番上の「点」がありません。"**餐厅** cān tīng ツァンティン"は「レストラン」、"**客厅** kè tīng クォティン"は「応接間」、"**大厅** dà tīng ダーティン"は「ロビー」という意味です。

---

bāo バオ

繁体字 包
日本の漢字 包

動 包む 量 袋状のものを数える量詞

簡体字および繁体字では「巳」で口が閉じています。"**面包** miàn bāo ミェンバオ"は「パン」、"**包裹** bāo guǒ バオグゥオ"は「小包」、"**钱包** qián bāo チェンバオ"は「財布」という意味です（⇒P.36、"**钱**"）。

---

xiě シエ

繁体字 寫
日本の漢字 写

動 書く

「与」部分の下の横棒は突き抜けません。"**写字** xiě/zì シエズー"は「文字を書く」という意味です。ちなみに「写真」は"**照片** zhào piàn ジァオピェン"と言います。

文字や単語、フレーズを書いてみよう！

jīn ジン

今

tiān ティエン

天

tīng ティン

厅

bāo バオ

包

xiě シエ

写

今日 [日本の漢字] 今天　jīn tiān ジンティエン

今天

毎日 [日本の漢字] 毎天　měi tiān メイティエン

每天

レストラン [日本の漢字] 餐庁　cān tīng ツァンティン

餐厅

パン [日本の漢字] 麺包　miàn bāo ミェンバオ

面包

文字を書く [日本の漢字] 写字　xiě/zì シエズー

写字

第8章

日本の漢字と微妙に違う字など

次の単語は、日本語で「日」と書く部分が中国語だと「天」になるよ。
「今日」は"**今天 jīn tiān** ジンティエン"、
「毎日」は"**毎天 měi tiān** メイティエン"、
「明日」は"**明天 míng tiān** ミィンティエン"
と言うんだよ。

春夏秋冬にも「天」をつけるんだ。
「春」は"**春天 chūn tiān** チュンティエン"、
「夏」は"**夏天 xià tiān** シアティエン"、
「秋」は"**秋天 qiū tiān** チィオティエン"、
「冬」は"**冬天 dōng tiān** ドンティエン"
と言うよ。

边
biān ビェン

繁体字 邊
日本の漢字 辺

名 ～の側、そば、境界

"**旁边** páng biān パァンビェン" は「そば」です。前後左右の後ろに置き、"**前边** qián bian チェンビェン" は「前側」、"**后边** hòu bian ホウビェン" は「後ろ側」（⇒P.94、"**后**"）、"**左边** zuǒ bian ズオビェン" は「左側」、"**右边** yòu bian ヨウビェン" は「右側」となります。

步
bù ブー

繁体字 步
日本の漢字 歩

量 （ひと足の距離の）歩み　名 ステップ　動 歩く

下の「少」は、右側の「右払い」がなくなります。"**散步** sàn/bù サンブー" は「散歩する」、"**跑步** pǎo/bù パオブー" は「ジョギングする」という意味です（⇒P.138、"**跑**"）。ちなみに口語の「歩く」は "**步**" ではなく "**走** zǒu ゾウ" と言います。

低
dī ディ

繁体字 低
日本の漢字 低

形 低い

下の横棒が「点」になります。"**高低** gāo dī ガオディ" は「高さ」、"**降低** jiàng dī ジァンディ" は「下がる、下げる」という意味です。"**底** dǐ ディ"（底）も横棒を「点」に変えた字です。

角
jiǎo ジァオ
jué ジュエ

繁体字 角
日本の漢字 角

名 角、役者、役　量 角（人民元の単位）

縦棒は突き抜けます。"**角落** jiǎo luò ジァオルゥオ" は「隅のほう」。"**角** jiǎo ジァオ" は "**元** yuán ユェン" の10分の1で、話し言葉では "**毛** máo マオ" のほうが一般的。発音が "jué ジュエ" だと「役者、役」の意で "**主角** zhǔ jué ジゥジュエ" は「主役」。

変
biàn ビェン

繁体字 變
日本の漢字 変

動 変わる、変える

下が「又」になっています。また上部の縦棒2本は、はねがありません。"**改变** gǎi biàn ガイビェン" は「変更する」、"**变化** biàn huà ビェンフゥア" は「変化する」という意味です。

単
dān ダン

繁体字 單
日本の漢字 単

「片方の、単純だ」という形容詞。"**简单** jiǎn dān ジェンダン" は「易しい」という意味です。

画
huà フゥア

繁体字 畫
日本の漢字 画

動詞「（絵や図を）描く」、名詞「絵画」。"**水墨画** shuǐ mò huà シゥイモフゥア" は「水墨画」を表します。

biān ビェン
边

そば 日本の漢字 旁辺　páng biān パァンビェン
旁边

bù ブー
步

散歩する 日本の漢字 散歩　sàn/bù サンブー
散步

dī ディ
低

高さ 日本の漢字 高低　gāo dī ガオディ
高低

jiǎo ジャオ
角

隅のほう 日本の漢字 角落　jiǎo luò ジァオルゥオ
角落

jué ジュエ
角

主役 日本の漢字 主角　zhǔ jué ジゥジュエ
主角

biàn ビェン
変

変更する 日本の漢字 改変　gǎi biàn ガイビェン
改变

dān ダン
単

易しい 日本の漢字 簡単　jiǎn dān ジェンダン
简单

huà フゥア
画

水墨画 日本の漢字 水墨画　shuǐ mò huà シゥイモォフゥア
水墨画

第8章　日本の漢字と微妙に違う字など

"単 dān ダン"には名詞「リスト、シーツ類」の
意味もあるよ。"菜単 cài dān ツァイダン"は
「(飲食店などの) メニュー」のことだよ。

chá チァ

繁体字 査

日本の漢字 査

動 検査する、調べる

簡体字では下が「旦」です。"检查 jiǎn chá ジェンチァ" は「検査する」（⇒P.120、"检"）、"调查 diào chá ディアオチァ" は「調査する」（⇒P.40、"调"）、"查词典 chá cí diǎn チァ ツーディエン" は「辞書を引く」という意味です。ほかに「地図を調べる」というときもこの字を使います。

---

chà チァ　chā チァ
chāi チァイ

繁体字 差

日本の漢字 差

形 異なる、劣っている　名 差、違い　動 派遣する

発音によって意味が変わります。形容詞のときは第4声。"差不多 chà bu duō チァブドゥオ" は「だいたい同じだ」（「差」の意味）、"差异 chā yì チァイー" は「違い」（「違い」の意味）、"出差 chū/chāi チュチァイ" は「出張する」（「派遣する」の意味）です。

---

dài ダイ

繁体字 帯

日本の漢字 帯

名 ベルト、地域　動 持つ、連れる

"携带 xié dài シエダイ" 「携帯する」は動詞としてのみ使います。ちなみに「携帯電話」は "手机 shǒu jī シォウジー" と表します（⇒P.92、"机"）。

zhēn ジェン

繁体字 真

日本の漢字 真

形 本当だ　副 確かに

縦棒2本は下の横棒とくっつきます。"真假 zhēn jiǎ ジェンジア" は「真贋（本物と偽物）」という意味です（⇒P.136、"假"）。"直 zhí ジー"（直）（「まっすぐだ」の意）、"具 jù ジュイ"（具）（「器具、持つ」の意）の字も同じように下の横棒とくっつきます。

---

gōng ゴン

繁体字 宮

日本の漢字 宮

名詞「宮殿、寺院」で「紫禁城」は "故宫 Gù gōng グーゴン" です。"吕 Lǚ リュイ"（呂）も同じ略し方をします。

huá フゥア

繁体字 滑

日本の漢字 滑

形容詞「滑らかだ」、動詞「滑る」。"滑雪 huá/xuě フゥアシュエ" は「スキーをする」という意味です。

---

bí ビー

繁体字 鼻

日本の漢字 鼻

名 鼻

下側の「廾」は突き抜けません。中国語で「鼻」と言うときは、この字に "子" を足して "鼻子 bí zi ビーズ" と言います（⇒P.10、コラム）。"鼻涕 bí tì ビーティ" は「鼻水」という意味です。

chá チァ

査

検査する　日本の漢字　検査　jiǎn chá ジェンチァ

検査

chà チァ

差

だいたい同じだ　日本の漢字　差不多　chà bu duō チァブドゥオ

差不多

chā チァ

差

違い　日本の漢字　差异　chā yì チァイー

差异

chāi チァイ

差

出張する　日本の漢字　出差　chū/chāi チゥチァイ

出差

dài ダイ

带

携帯する　日本の漢字　携帯　xié dài シエダイ

携带

zhēn ジェン

真

真贋（本物と偽物）　日本の漢字　真假　zhēn jiǎ ジェンジア

真假

gōng ゴン

宫

紫禁城　日本の漢字　故宮　Gù gōng グーゴン

故宫

huá フゥア

滑

スキーをする　日本の漢字　滑雪　huá/xuě フゥアシュエ

滑雪

bí ビー

鼻

鼻　日本の漢字　鼻子　bí zi ビーズ

鼻子

滑 ← ここに注目！
こうして一画
減ったんだよ。

第8章

日本の漢字と微妙に違う字など

131

レッスン 2　收(収)・海(海)など日本語のほうが画数の少ない字

なかには、日本語のほうが書きやすい字もあります。

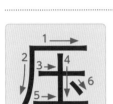

yā ヤー

繁体字　壓
日本の漢字　圧

動 押す、押さえる

右下に「点」がつきます。"**圧力**yā lì ヤーリー"は「圧力、プレッシャー」という意味です。「押す」から転じて「放置する」の意味でも使い、"**积压**jī yā ジーヤー"は「放置しておく」です。"**器**qì チー"(器)と"**突**tū トゥ"(突)の字も同様に「点」がつきます。

---

shōu シォウ

繁体字　收
日本の漢字　収

右側は「又」でなく「攵」です。動詞「入れる、得る」で、"**收拾**shōu shi ショウシ"は「片づける」という意味です。

---

tú トゥ

繁体字　圖
日本の漢字　図

「絵図」という名詞で、"**地图**dì tú ディトゥ"は「地図」。「利益を求める」という動詞でもあります。

---

hǎi ハイ

繁体字　海
日本の漢字　海

名詞「海」で、"**海关**hǎi guān ハイグアン"は「税関」という意味。"**每**měi メイ"(每)も下の部分は「母」です。

---

xiào シァオ

繁体字　效
日本の漢字　効

名詞「効き目」で、"**效果**xiào guǒ シァオグゥオ"は「効果」です。「まねる」という動詞でもあります。

---

hē フォ

繁体字　喝
日本の漢字　喝

動 飲む

下にある「匂」の部分が異なります。"**好喝**hǎo hē ハオフォ"は「(飲んで)おいしい」を表し、食べておいしいときは"**好吃**hǎo chī ハオチー"と言います。"**渴**kě クォ"(渴)の字の略し方も同様です。

黑

hēi ヘイ

繁体字　黑
日本の漢字　黒

形 黒い、暗い、闇の

上側の横棒が2つの「点」になります。"**黑板**hēi bǎn ヘイバン"は「黒板」、"**黑白**hēi bái ヘイバイ"は「白黒」。"**黑车**hēi chē ヘイチォ"「白タク」や(⇒P.14、"**车**")、"**黑客**hēi kè ヘイクォ"「ハッカー」など、マイナスのイメージでも使います。

文字や単語、フレーズを書いてみよう！

yā ヤー
圧

圧力　日本の漢字 圧力　yā lì ヤーリー
圧力

shōu ショウ
收

片づける　日本の漢字 収拾　shōu shi ショウシ
收拾

tú トゥ
图

地図　日本の漢字 地図　dì tú ディトゥ
地图

hǎi ハイ
海

税関　日本の漢字 海関　hǎi guān ハイグアン
海关

xiào シァオ
效

効果　日本の漢字 効果　xiào guǒ シァオグゥオ
效果

hē フヲ
喝

（飲んで）おいしい　日本の漢字 好喝　hǎo hē ハオフヲ
好喝

hēi ヘイ
黑

黒板　日本の漢字 黒板　hēi bǎn ヘイバン
黑板

第8章
第8章 日本の漢字と微妙に違う字など

"收费 shōu/fèi ショウフェイ"は「有料」。
「無料」は"免费 miǎn/fèi ミェンフェイ"
と言うよ。

レッスン 3 日本語にはない字、日本語ではあまり見ない字

繁体字と簡体字で形が同じものがほとんどです。

nǐ ニー

繁体字 你
日本の漢字 伱

名 きみ、あなた

ご存じの"你好 Nǐ hǎo! ニーハオ"は「こんにちは！」。昼間だけでなく、一日中使えるあいさつ言葉です。ちなみに"您 nín ニン"は二人称・単数"你"の敬称。"您好 Nín hǎo! ニンハオ"は丁寧なあいさつになります。

---

tā ター

繁体字 她
日本の漢字 =

名 彼女

"们 men メン"をつけると複数になり、"她们 tā men ターメン"は「彼女たち」（⇒第2章「もんがまえ」、P.48）、"咱们 zán men ザンメン"は「（相手を含めた）私たち」という意味です。「彼」は"他 tā ター"で「彼女」と発音は同じです。

---

bà バー

繁体字 爸
日本の漢字 爸

名詞「父」で、"爸爸 bà ba バーバ"は「お父さん」です。"爸妈 bà mā バーマー"は「父母」（⇒P.12、"妈"）。

---

gē グヲ

繁体字 哥
日本の漢字 哥

名詞「兄」で、"哥哥 gē ge グヮグヮ"は「お兄さん」、"大哥 dà gē ダーグヮ"は「一番上の兄」です。

---

zěn ゼン

繁体字 怎
日本の漢字 怎

「なぜ、どのように」という代名詞です。"怎么 zěn me ゼンマヮ"も「なぜ、どのように」という意味です。

---

me マヮ

繁体字 麼
日本の漢字 麼

繁体字の一部を残すパターン。疑問詞の接尾語としてよく使います。"什么 shén me シェンマヮ"は「なに」です。

---

nǎ ナー

繁体字 哪
日本の漢字 =

代名詞「どの、どちらの」。"哪里 nǎ li ナーリ"は「どこ」、"哪个 nǎ ge ナーグヮ"は「どれ」（⇒P.54、"个"）。

---

ba バ

繁体字 吧
日本の漢字 =

「～しましょう」「～ですよね」という語気助詞（⇒P.124、コラム）。"走吧 Zǒu ba! ゾウバ"は「行きましょう」。

文字や単語、フレーズを書いてみよう！

nǐ ニー
你

こんにちは！ 日本の漢字 你好 Nǐ hǎo ニー ハオ
你好！ ！

tā ター
她

彼女たち 日本の漢字 ＝們 tā men ターメン
她们

bà バー
爸

お父さん 日本の漢字 爸爸 bà ba バーバ
爸爸

gē グヮ
哥

お兄さん 日本の漢字 哥哥 gē ge グヮグヮ
哥哥

zěn ゼン
怎

なぜ、どのように 日本の漢字 怎麼 zěn me ゼンマヮ
怎么

me マヮ
么

なに 日本の漢字 什麼 shén me シェンマヮ
什么

nǎ ナー
哪

どこ 日本の漢字 ＝裡 nǎ li ナーリ
哪里

ba バ
吧

第8章
日本の漢字と微妙に違う字など

"姐姐 jiě jie ジエジエ"は
「お姉さん」だよ。

行きましょう！ 日本の漢字 走＝ Zǒu ba ゾウ バ
走吧！ ！

135

呢

| 繁体字 | 呢 |
| 日本の漢字 | = |

ne ナヲ

助 ～でしょうか？、～は？

答えを促す語気助詞（⇒P.124、コラム）。「名詞句＋"呢"？」の形で、「～は？」と相手に尋ねる省略疑問文をつくれます。"**我是日本人，你呢**Wǒ shì Rì běn rén, nǐ ne? ウォ シー リーベンレン ニー ナヲ」は「私は日本人です、あなたは？」となります。

做

| 繁体字 | 做 |
| 日本の漢字 | 做 |

zuò ズオ

「する、やる、つくる」という動詞で、"**做法zuò fǎ ズオファー**"は「やり方」という意味です。

找

| 繁体字 | 找 |
| 日本の漢字 | 找 |

zhǎo ジアオ

動詞「探す、訪問する、つり銭を出す」。"**找钱zhǎo/qián ジアオチェン**"は「おつりを出す」です。

| 繁体字 | 辦 |
| 日本の漢字 | 辦 |

bàn バン

動 する、やる、取り扱う

"**做zuò ズオ**"と意味が近いですが、"**做zuò ズオ**"は具体的な物をつくる場合、"**办bàn バン**"は「処理する」場合に使います。"**办公室bàn gōng shì バンゴンシー**"は「オフィス」、"**办手续bàn shǒu xù バン ショウシュイ**"は「手続きをする」を表します。日本の漢字「弁」をあてる場合もあります。

丢

| 繁体字 | 丢 |
| 日本の漢字 | 丢 |

diū ディオ

「失う、なくす」という動詞。"**丢失diū shī ディオシー**"は「紛失する」という意味です。

吵

| 繁体字 | 吵 |
| 日本の漢字 | = |

chǎo チアオ

形容詞「やかましい」、動詞「言い争う」。"**吵闹chǎo nào チアオナオ**"は「騒々しい」です（⇒P.48、"闹"）。

假

| 繁体字 | 假 |
| 日本の漢字 | 假 |

jiǎ ジア
jià ジア

形 ニセの　　**名** 休暇

3声の"**jiǎ ジア**"は「ニセの、仮の」で、"**假如jiǎ rú ジアルー**"は「もしも～なら」という意味です。日本の漢字「仮」をあてる場合もあります。4声"**jià ジア**"は「休み」の意味で、"**暑假shǔ jià シュジア**"は「夏休み」という意味です。

售

| 繁体字 | 售 |
| 日本の漢字 | 售 |

shòu シォウ

「売る」という動詞。"**售货员shòu huò yuán シォウフゥオユエン**"は「販売員」という意味です（⇒P.32、"货"、"员"）。

喂

| 繁体字 | 喂 |
| 日本の漢字 | = |

wéi ウェイ
wèi ウェイ

「（電話応答の）もしもし」。"**wèi ウェイ**"と4声で発音すると「餌をやる、食べさせる」の意味になります。

ne ナヲ

呢

あなたは？ 日本の漢字 你＝　Nǐ ne ニーナヲ

你呢？ ？

zuò ズオ

做

やり方 日本の漢字 做法　zuò fǎ ズオファー

做法

zhǎo ジァオ

找

おつりを出す 日本の漢字 找銭　zhǎo/qián ジァオチェン

找钱

bàn バン

办

オフィス 日本の漢字 辦公室　bàn gōng shì バンゴンシー

办公室

diū ディオ

丢

紛失する 日本の漢字 丢失　diū shī ディオシー

丢失

chǎo チァオ

吵

騒々しい 日本の漢字 ＝鬧　chǎo nào チァオナオ

吵闹

jiǎ ジア

假

もしも～なら 日本の漢字 假如　jiǎ rú ジアルー

假如

jià ジア

假

夏休み 日本の漢字 暑假　shǔ jià シュジア

暑假

shòu シォウ

售

販売員 日本の漢字 售貨員　shòu huò yuán シォウフゥオユエン

售货员

wéi ウェイ

喂

（電話応答の）もしもし。 日本の漢字 ＝　Wéi ウェイ

喂！ ！ ！

dǒng ドン

繁体字 懂
日本の漢字 =

動 理解する、知っている

相手が理解しているかどうかを聞くときに、この語をよく使います。"**不懂**Bù dǒng。ブードン"は「わかりません」、"**懂汉语** Dǒng Hàn yǔ。ドン ハンユィ"は「中国語ができる」という意味です（⇒P.104、"**汉**"）。

pèng ポン

繁体字 碰
日本の漢字 =

動詞「ぶつかる、出会う、試す」。"**碰见** pèng/jiàn ポンジェン"は「（思いがけず）出会う」です（⇒P.46）。

tǎng タァン

繁体字 躺
日本の漢字 =

動詞「横になる、寝そべる」。"**躺在** tǎng zài タァンザイ"は「～に寝そべる」という意味です。

tàng タァン

繁体字 趟
日本の漢字 =

往復動作の回数を数える量詞。"**去一趟** qù yí tàng チュイ イータァン"は「行ってくる」という意味です。

pǎo パオ

繁体字 跑
日本の漢字 跑

「走る、逃げる」という動詞。"**赛跑** sài pǎo サイパオ"は「競走」という意味です（⇒P.34、"**赛**"）。

踢
tī ティ

繁体字 踢
日本の漢字 踢

動詞「蹴る、蹴とばす」。"**踢足球** tī zú qiú ティズーチィオ"は「サッカーをする」という意味です。

gēn ゲン

繁体字 跟
日本の漢字 跟

「かかと」という名詞。"**高跟鞋** gāo gēn xié ガオゲンシエ"は「ハイヒール」という意味です（⇒P.146、"**鞋**"）。

hěn ヘン

繁体字 很
日本の漢字 很

副 とても、たいへん

後ろに形容詞を続けて使うことが多いです。"**很好**Hěn hǎo! ヘンハオ"は「とてもよいです」、"**很舒服**Hěn shū fu! ヘン シゥフ"は「とても心地よいです」という意味です。

卡
kǎ カー
qiǎ チア

繁体字 卡
日本の漢字 卡

名 カード　　動 挟まる

"**卡** kǎ カー"は「カード」という名詞で、"**卡片** kǎ piàn カーピェン"は「カード」、"**信用卡** xìn yòng kǎ シンヨンカー"は「クレジットカード」。"**卡** qiǎ チア"は「挟まる」という動詞で、"**卡住** qiǎ zhù チアジゥ"は「引っかかる」という意味です（⇒P.68、コラム）。

dǒng ドン	わかりません。 日本の漢字 不= Bù dǒng ブードン
懂	不懂。 。

pèng ポン	(思いがけず)出会う 日本の漢字 ＝見 pèng/jiàn ポンジェン
碰	碰见

tǎng タァン	～に寝そべる 日本の漢字 ＝在 tǎng zài タァンザイ
躺	躺在

tàng タァン	行ってくる 日本の漢字 去一＝ qù yí tàng チュイ イータァン
趟	去一趟

pǎo パオ	競走 日本の漢字 賽跑 sài pǎo サイパオ
跑	赛跑

tī ティ	サッカーをする 日本の漢字 踢足球 tī zú qiú ティ ズーチィオ
踢	踢足球

gēn ゲン	ハイヒール 日本の漢字 高跟鞋 gāo gēn xié ガオゲンシエ
跟	高跟鞋

hěn ヘン	とてもよいです。 日本の漢字 很好 Hěn hǎo ヘンハオ
很	很好! !

kǎ カー	カード 日本の漢字 卡片 kǎ piàn カーピェン
卡	卡片

qiǎ チア	引っかかる 日本の漢字 卡住 qiǎ zhù チアジゥ
卡	卡住

第8章 日本の漢字と微妙に違う字など

139

おさらいドリル8

1 日本の漢字を簡体字で書いて、中国語の意味と線でつなげましょう。

日本の漢字　　　簡体字　　　　　　　　　　　　中国語の意味

① 包 （　　　　）・　　　　　・（ひと足の距離の）歩みを数える量詞、ステップ、歩く

② 写 （　　　　）・　　　　　・押す、押さえる

③ 歩 （　　　　）・　　　　　・絵図、利益を求める

④ 変 （　　　　）・　　　　　・黒い、暗い、闇の

⑤ 滑 （　　　　）・　　　　　・書く

⑥ 圧 （　　　　）・　　　　　・包む、袋状のものを数える量詞

⑦ 図 （　　　　）・　　　　　・変わる、変える

⑧ 黒 （　　　　）・　　　　　・滑らかだ、滑る

答え 日本語と微妙に違う字、日本語より画数が多い字を確認しましょう。

1 ① **包**：包む、袋状のものを数える量詞　② **写**：書く　③ **歩**：（ひと足の距離の）歩みを数える量詞、ステップ、歩く　④ **変**：変わる、変える　⑤ **滑**：滑らかだ、滑る　⑥ **圧**：押す、押さえる　⑦ **図**：絵図、利益を求める　⑧ **黒**：黒い、暗い、闇の

2 日本の漢字を簡体字で書いて、日本語に訳してみましょう。

日本の漢字	簡体字	中国語の意味

① 今天 （　　　　　　） ➡ （　　　　　　　　　）

② 旁辺 （　　　　　　） ➡ （　　　　　　　　　）

③ 簡単 （　　　　　　） ➡ （　　　　　　　　　）

④ 出差 （　　　　　　） ➡ （　　　　　　　　　）

⑤ 故宮 （　　　　　　） ➡ （　　　　　　　　　）

⑥ 収拾 （　　　　　　） ➡ （　　　　　　　　　）

⑦ 海関 （　　　　　　） ➡ （　　　　　　　　　）

⑧ 好喝 （　　　　　　） ➡ （　　　　　　　　　）

第8章

日本の漢字と微妙に違う字など

答え "天 tiān ティエン" は、「空、（一日の）日、季節」という名詞です。

2 ① 今天：今日 ② 旁辺：そば ③ 簡単：易しい ④ 出差：出張する ⑤ 故宮：紫禁城 ⑥ 収拾：片づける ⑦ 海関：税関 ⑧ 好喝：（飲んで）おいしい

コラム❾

日本語の漢字の音読み

ご存じのように、日本語の漢字は中国から導入された字です。たとえば、"山 shān シァン"という中国語は日本語に訳すと「やま」で、これが訓読み。そして、中国語の音を「サン」と日本語風にしたのが音読みです。

漢字のなかには音読みがいくつかあるものがありますが、これは中国からその文字が入ってきた時代や地域が違うからです。

- 6世紀ごろ朝鮮半島経由で、中国南方系の発音が伝わってきたのが「呉音」。
- 隋や唐の時代に日本人留学生が伝えた中国北方系の発音が「漢音」。
- 鎌倉時代から江戸時代にかけて、伝えられたのが「唐音」。

このように中国語の発音に違いがあったので、日本語風の発音の音読みにも違いが生まれたというわけです。

❶"人 rén レン"「人」

日本語の音読みは、「ニン」（呉音）、「ジン」（漢音）です。

❷"女 nǚ ニュイ"「女」

日本語の音読みは、「ニョ」（呉音）、「ジョ」（漢音）です。

❸"明 míng ミィン"「明るい」

日本語の音読みは、「ミョウ」（呉音）、「メイ」（漢音）、「ミン」（唐音）です。

❹"行 xíng シィン"「行く」、"行 háng ハァン"「行、列」

日本語の音読みは、「ギョウ」（呉音）、「コウ」（漢音）、「アン」（唐音）です。

❺"京 jīng ジィン"「都（みやこ）」

日本語の音読みは、「キョウ」（呉音）、「ケイ」（漢音）、「キン」（唐音）です。

❻"清 qīng チィン"「清い」

日本語の音読みは、「ショウ」（呉音）、「セイ」（漢音）、「シン」（唐音）です。

第9章 分類が難しい字など

番外編として、今まで紹介してきたさまざまな分類にそのままあてはまらない字や、HSK 5 級以上ではあるけれどもよく使われる字などを紹介します。

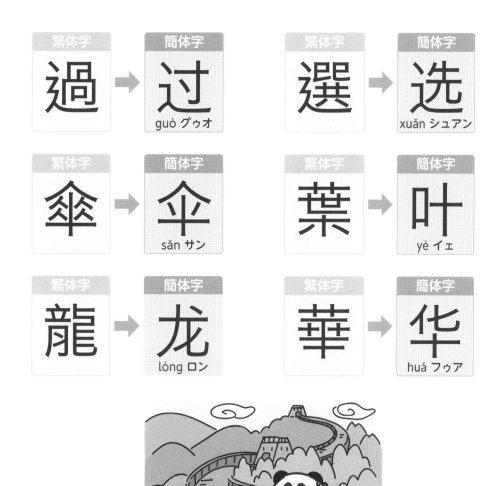

繁体字	簡体字
過	过 guò グゥオ

繁体字	簡体字
選	选 xuǎn シュアン

繁体字	簡体字
傘	伞 sǎn サン

繁体字	簡体字
葉	叶 yè イェ

繁体字	簡体字
龍	龙 lóng ロン

繁体字	簡体字
華	华 huá フゥア

レッスン 1 厉（厲）・适（適）など分類が難しい字

第1章から第8章には分類できない字を紹介します。

让

繁体字 讓

日本の漢字 讓

ràng ラァン

動詞「譲る、させる」で、"让座 ràng/zuò ラァンズオ"は「席を譲る」という意味です。「ごんべん」（⇒P.38）。

厉

繁体字 厲

日本の漢字 厲

lì リー

「萬」を「万」に置き換えました。形容詞「厳しい、激しい」で、"厉害 lì hai リーハイ"は「すごい、ひどい」。

过

繁体字 過

日本の漢字 過

guò グゥオ

動詞「通り過ぎる、過ごす」で、"经过 jīng guò ジィングゥオ"は「通過する」です（⇒P.26、"经"）。

这

繁体字 這

日本の漢字 這

zhè ジョ

代名詞「これ、それ」で、"这个 zhè ge ジョグョ"は「これ」という意味です（⇒P.54、"个"）。

选

繁体字 選

日本の漢字 選

xuǎn シュアン

右側が「先」に替わりました。動詞「選ぶ」で、"挑选 tiāo xuǎn ティアオシュアン"は「選択する」です。

适

繁体字 適

日本の漢字 適

shì シー

動詞「適合する」で、"适合 shì hé シーフォ"は「似合う」です。"敌 dí ディ"（敵）は同じパターンの略し方です。

导

繁体字 導

日本の漢字 導

dǎo ダオ

動詞「導く、指導する」。"导游 dǎo yóu ダオヨウ"は「ガイド」という意味です（⇒P.98、"游"）。

繁体字 傘

日本の漢字 傘

sǎn サン

「傘」という名詞で、"雨伞 yǔ sǎn ュィサン"は「雨傘」という意味です。

亚

繁体字 亞

日本の漢字 亜

yà ヤー

形容詞「2番目の」で、"亚洲 Yà zhōu ヤージョウ"は「アジア」を表します。"恶 è ヲー"（悪）は同じ略し方。

两

繁体字 兩

日本の漢字 両

liǎng リァン

数詞「二」。量詞の前では"二"でなく"两"を使います。"两个人 liǎng ge rén リァングョ レン"は「二人」。

TRACK 52

 文字や単語、フレーズを書いてみよう！

第9章

分類が難しい字など

ràng ラァン

让

席を譲る　日本の漢字 譲座　ràng/zuò ラァンズオ

让座

lì リー

厉

すごい、ひどい　日本の漢字 厲害　lì hai リーハイ

厉害

guò グゥオ

过

通過する　日本の漢字 経過　jīng guò ジィングゥオ

经过

zhè ジョ

这

これ　日本の漢字 這個　zhè ge ジョグヲ

这个

xuǎn シュアン

选

選択する　日本の漢字 挑選　tiāo xuǎn ティアオシュアン

挑选

shì シー

适

似合う　日本の漢字 適合　shì hé シーフォ

适合

dǎo ダオ

导

ガイド　日本の漢字 導游　dǎo yóu ダオヨウ

导游

sǎn サン

伞

雨傘　日本の漢字 雨傘　yǔ sǎn ユィサン

雨伞

yà ヤー

亚

アジア　日本の漢字 亜洲　Yà zhōu ヤージォウ

亚洲

145

	繁体字 日本の漢字	
报 bào バオ	報 報	動詞「知らせる、申し込む」で、"**报告**bào gào バオガオ"は「報告する」です。
扰 rǎo ラオ	擾 擾	動詞「かき乱す、じゃまする」。"**打扰**dǎ rǎo ダーラオ"は「おじゃまする」です。
换 huàn ホアン	換 換	動詞「換える、交換する」で、"**换车**huàn/chē ホアンチョ"は「乗り換える」です。
热 rè ルヲ	熱 熱	「暑い、熱い」という形容詞で、"**闷热**mēn rè メンルヲ"は「むし暑い」です。
叶 yè イエ	葉 葉	「植物の葉」という名詞。日本語の「叶える」ではありません。"**茶叶**chá yè チァイエ"は「茶葉」です。
药 yào ヤオ	藥 藥	「薬」という名詞で古くから使われていた略字。"**中药**zhōng yào ジョンヤオ"は「漢方薬」という意味です。
脑 nǎo ナオ	腦 腦	名詞「脳」で、"**电脑**diàn nǎo ディエンナオ"は「パソコン」。"**恼**nǎo ナオ"(悩)の字は同じ略し方です。
鞋 xié シエ	鞋 鞋	名詞「短い靴」。一般的な「靴」は"**鞋子**xié zi シエズ"。"**靴**xuē シュエ"は「ブーツ」の意味です。
墙 qiáng チァン	牆 牆	名詞「壁、囲い」。「壁」は"**墙壁**qiáng bì チァンビー"のほか、"**墙**qiáng チァン"一文字でもよく使います。
块 kuài クアイ	塊 塊	名詞「塊」。塊状のものに使う量詞、貨幣の単位でもあります。"**一块儿**yí kuàir イークアル"は「一緒に」です。
梦 mèng モン	夢 夢	「夢」という名詞で、"**做梦**zuò/mèng ズオモン"は「夢を見る」という意味です。
总 zǒng ゾォン	總 總	動詞「まとめる」で、"**总经理**zǒng jīng lǐ ゾォンジィンリー"は「社長」を表します。

bào バオ

报

報告する 日本の漢字 報告 bào gào バオガオ

报告

rǎo ラオ

扰

おじゃまする 日本の漢字 打擾 dǎ rǎo ダーラオ

打扰

huàn ホアン

换

乗り換える 日本の漢字 換車 huàn/chē ホアンチョ

换车

rè ルョ

热

むし暑い 日本の漢字 悶熱 mēn rè メンルョ

闷热

yè イエ

叶

茶葉 日本の漢字 茶葉 chá yè チャイエ

茶叶

yào ヤオ

药

漢方薬 日本の漢字 中薬 zhōng yào ジォンヤオ

中药

nǎo ナオ

脑

パソコン 日本の漢字 電脳 diàn nǎo ディエンナオ

电脑

xié シエ

鞋

靴 日本の漢字 鞋子 xié zi シエズ

鞋子

qiáng チァン

墙

壁 日本の漢字 牆壁 qiáng bì チァンビー

墙壁

mèng モン

梦

夢を見る 日本の漢字 做夢 zuò/mèng ズオモン

做梦

レッスン 2 HSK5級以上のよく使う字

厂
chǎng チァン

繁体字 **廠**
日本の漢字 **廠**

思い切って略した字です。「工場」という名詞で、**"工厂 gōng chǎng ゴンチァン"** は「工場」という意味です。

灭
miè ミエ

繁体字 **滅**
日本の漢字 **滅**

動詞「滅ぼす、滅びる、火を消す」。**"灭火器 miè huǒ qì ミエフゥオチー"** は「消火器」という意味です。

仓
cāng ツァン

繁体字 **倉**
日本の漢字 **倉**

「倉、倉庫」という名詞で、**"仓库 cāng kù ツァンクー"** は「倉庫」という意味です。

龙
lóng ロン

繁体字 **龍**
日本の漢字 **竜**

名詞「竜、ドラゴン」。「ウーロン茶」は **"乌龙茶 wū lóng chá ウーロンチァ"** です。

补
bǔ ブー

繁体字 **補**
日本の漢字 **補**

動詞「補う、修理する」で **"补充 bǔ chōng ブーチォン"** は「補充する」。**"处 chù チゥ"**（処）も「卜」で略した字です。

拥
yōng ヨン

繁体字 **擁**
日本の漢字 **擁**

動詞「抱きかかえる、取り囲む」。一字だけでは使いません。**"拥有 yōng yǒu ヨンヨウ"** は「所有する」です。

华
huá フゥア

繁体字 **華**
日本の漢字 **華**

名詞「中国」、形容詞「華やかだ」。**"中华 Zhōng huá ジォンフゥア"** は「中国の別称」。

胜
shèng シォン

繁体字 **勝**
日本の漢字 **勝**

「勝つ、勝る」という動詞。**"胜利 shèng lì シォンリー"** は「勝利する」です。

团
tuán トアン

繁体字 **團**
日本の漢字 **団**

名詞「集まり、集団」。**"团结 tuán jié トアンジエ"** は「団結する」です。「丸い」という形容詞でもあります。

临
lín リン

繁体字 **臨**
日本の漢字 **臨**

動詞「訪れる、面している」。**"光临 guāng lín グゥアンリン"** は「おいでになる」という意味です。

文字や単語、フレーズを書いてみよう！

chǎng チャン

厂

工場　日本の漢字 工廠　gōng chǎng ゴンチャン

工厂

miè ミエ

灭

消火器　日本の漢字 滅火器　miè huǒ qì ミエフゥオチー

灭火器

cāng ツァン

仓

倉庫　日本の漢字 倉庫　cāng kù ツァンクー

仓库

lóng ロン

龙

ウーロン茶　日本の漢字 烏竜茶　wū lóng chá ウーロンチァ

乌龙茶

bǔ ブー

补

補充する　日本の漢字 補充　bǔ chōng ブーチォン

补充

yōng ヨン

拥

所有する　日本の漢字 擁有　yōng yǒu ヨンヨウ

拥有

huá フゥア

华

中国の別称　日本の漢字 中華　Zhōng huá ジォンフゥア

中华

shèng シォン

胜

勝利する　日本の漢字 勝利　shèng lì シォンリー

胜利

tuán トアン

团

団結する　日本の漢字 団結　tuán jié トアンジエ

团结

149

おさらいドリル9

1 日本の漢字を簡体字で書いて、中国語の意味と線でつなげましょう。

日本の漢字	簡体字		中国語の意味

① 厲（ 　　　　 ）・　　　　　　　　　・導く、指導する

② 過（ 　　　　 ）・　　　　　　　　　・植物の葉

③ 選（ 　　　　 ）・　　　　　　　　　・厳しい、激しい

④ 導（ 　　　　 ）・　　　　　　　　　・竜、ドラゴン

⑤ 報（ 　　　　 ）・　　　　　　　　　・選ぶ

⑥ 葉（ 　　　　 ）・　　　　　　　　　・通り過ぎる、過ごす

⑦ 滅（ 　　　　 ）・　　　　　　　　　・知らせる、申し込む

⑧ 竜（ 　　　　 ）・　　　　　　　　　・滅ぼす、滅びる、火を消す

....

答え なかには、単純には分類できない簡体字もあります。

1 ① **厉**：厳しい、激しい　② **过**：通り過ぎる、過ごす　③ **选**：選ぶ

④ **导**：導く、指導する　⑤ **报**：知らせる、申し込む　⑥ **叶**：植物の葉

⑦ **灭**：滅ぼす、滅びる、火を消す　⑧ **龙**：竜、ドラゴン

第9章で習ったことを復習しよう！

2 日本の漢字を簡体字で書いて、日本語に訳してみましょう。

日本の漢字	簡体字	中国語の意味

① 譲座 （　　　　　） ➡ （　　　　　　　　　）

② 適合 （　　　　　） ➡ （　　　　　　　　　）

③ 雨傘 （　　　　　） ➡ （　　　　　　　　　）

④ 亜洲 （　　　　　） ➡ （　　　　　　　　　）

⑤ 換車 （　　　　　） ➡ （　　　　　　　　　）

⑥ 中薬 （　　　　　） ➡ （　　　　　　　　　）

⑦ 做夢 （　　　　　） ➡ （　　　　　　　　　）

⑧ 中華 （　　　　　） ➡ （　　　　　　　　　）

答え "亜yà ヤー"は、「２番目の」という意味の形容詞です。

2 ① **让座**：席を譲る　② **适合**：似合う　③ **雨伞**：雨傘　④ **亚洲**：
アジア　⑤ **换车**：乗り換える　⑥ **中药**：漢方薬　⑦ **做梦**：夢を見る
⑧ **中华**：中国の別称

第9章

25

分類が難しい字など

日本語の漢字で探せる索引

日本語の音読みから簡体字を探せる索引です。音読みが同じ字は、簡体字の画数順に掲載しています。また、日本語にはない字やあまり見ない字は、最後にアルファベット順にまとめました。

①日本語の音読み	②日本語の漢字	③簡体字	④簡体字の画数	⑤発音記号と読み仮名	⑥掲載ページ
あ	亜	亚	6画	yà ヤー	144

①	②	③	④	⑤	⑥
あ					
あ	亜	亚	6画	yà ヤー	144
あい	愛	爱	10画	ài アイ	20
あつ	圧	压	6画	yā ヤー	132
い	為	为	4画	wéi/wèi ウェイ	14
い	彙	汇	5画	huì フゥイ	94
い	偉	伟	6画	wěi ウェイ	116
い	囲	围	7画	wéi ウェイ	116
い	違	违	7画	wéi ウェイ	116
いん	陰	阴	6画	yīn イン	70
いん	飲	饮	7画	yǐn イン	42
いん	員	员	7画	yuán ユェン	32
うん	雲	云	4画	yún ユィン	56
うん	運	运	7画	yùn ユィン	80
えつ	閲	阅	10画	yuè ユェ	48
えん	厭	厌	6画	yàn イエン	60
えん	園	园	7画	yuán ユェン	82
えん	遠	远	7画	yuǎn ユェン	80
えん	鉛	铅	10画	qiān チェン	36
えん	円	圆	10画	yuán ユェン	86

①	②	③	④	⑤	⑥
か					
か	箇	个	3画	gè/ge グヲ	54
か	過	过	6画	guò グゥオ	144
か	華	华	6画	huá フゥア	148
か	価	价	6画	jià ジア	108
か	貨	货	8画	huò フゥオ	32
か	課	课	10画	kè クヲ	40
が	画	画	8画	huà フゥア	128
が	賀	贺	9画	hè フヲ	34
かい	開	开	4画	kāi カイ	56
かい	階	阶	6画	jiē ジエ	78

かい	懐	怀	7画	huái ホアイ	114
かい	壊	坏	7画	huài ホアイ	114
かい	塊	块	7画	kuài クアイ	146
かい	海	海	10画	hǎi ハイ	132
かく	角	角	7画	jiǎo ジャオ / jué ジュエ	128
かく	覚	觉	9画	jiào ジャオ / jué ジュエ	46
かく	較	较	10画	jiào ジャオ	14
かつ	喝	喝	12画	hē フヲ	132
かつ	滑	滑	12画	huá フゥア	130
かん	乾	干	3画	gān ガン	92
かん	幹	干	3画	gàn ガン	92
かん	勧	劝	4画	quàn チュアン	104
かん	漢	汉	5画	hàn ハン	104
かん	観	观	6画	guān グアン	46
かん	歓	欢	6画	huān ホアン	104
かん	還	还	7画	hái ハイ / huán ホアン	114
かん	間	间	7画	jiān/jiàn ジェン	48
かん	閑	闲	7画	xián シェン	48
かん	環	环	8画	huán ホアン	114
かん	換	换	10画	huàn ホアン	146
かん	監	监	10画	jiān ジェン	106
かん	寛	宽	10画	kuān クアン	46
かん	館	馆	11画	guǎn グアン	42
かん	慣	惯	11画	guàn グアン	34
かん	簡	简	13画	jiǎn ジェン	86
がん	願	愿	14画	yuàn ユェン	72
がん	顔	颜	15画	yán イエン	30
き	几	几	2画	jī ジー	92
き	幾	几	2画	jǐ ジー	92
き	気	气	4画	qì チー	56

き	帰	归	5画	guī グゥイ	18
き	記	记	5画	jì ジー	38
き	机	机	6画	jī ジー	92
き	機	机	6画	jī ジー	92
き	紀	纪	6画	jì ジー	26
き	規	规	8画	guī グゥイ	46
き	貴	贵	9画	guì グゥイ	32
き	騎	骑	11画	qí チー	12
ぎ	儀	仪	5画	yí イー	112
ぎ	議	议	5画	yì イー	112
ぎ	戯	戏	6画	xì シー	104
ぎ	蟻	蚁	9画	yǐ イー	112
きつ	吃	吃	6画	chī チー	94
きつ	喫	吃	6画	chī チー	94
きゅう	級	级	6画	jí ジー	80
きゅう	窮	穷	7画	qióng チョン	110
きゅう	給	给	9画	gěi/jǐ ゲイ/ジー	28
きゅう	宮	宮	9画	gōng ゴン	130
きょ	許	许	6画	xǔ シュイ	38
きょ	拠	据	11画	jù ジュイ	86
ぎょ	魚	鱼	8画	yú ユイ	18
きょう	郷	乡	3画	xiāng シァン	54
きょう	況	况	7画	kuàng クゥアン	44
きょう	僑	侨	8画	qiáo チァオ	108
きょう	驕	骄	9画	jiāo ジァオ	108
きょう	響	响	9画	xiǎng シァン	84
きょう	競	竞	10画	jìng ジィン	64
きょう	橋	桥	10画	qiáo チァオ	108
きょう	驚	惊	11画	jīng ジィン	86
きょう	鏡	镜	16画	jìng ジィン	86
ぎょう	業	业	5画	yè イエ	56
ぎょう	暁	晓	10画	xiǎo シァオ	118
きょく	極	极	7画	jí ジー	80
きん	僅	仅	4画	jǐn ジン	104
きん	緊	紧	10画	jǐn ジン	106
ぎん	銀	银	11画	yín イン	36
け	掛	挂	9画	guà グゥア	64
けい	計	计	4画	jì ジー	38
けい	鶏	鸡	7画	jī ジー	106
けい	繋	系	7画	jì ジー	96
けい	系	系	7画	xì シー	96
けい	係	系	7画	xì シー	96
けい	経	经	8画	jīng ジィン	26

けい	軽	轻	9画	qīng チィン	14
けい	継	继	10画	jì ジー	28
げい	芸	艺	4画	yì イー	78
げき	劇	剧	10画	jù ジュイ	86
けつ	決	决	6画	jué ジュエ	44
けつ	結	结	9画	jié ジエ	28
けん	権	权	6画	quán チュアン	104
けん	堅	坚	7画	jiān ジェン	106
けん	険	险	9画	xiǎn シェン	120
けん	験	验	10画	yàn イエン	120
けん	検	检	11画	jiǎn ジェン	120
げん	現	现	8画	xiàn シェン	46
げん	減	减	11画	jiǎn ジェン	44
こ	個	个	3画	gè/ge グォ	54
こ	誇	夸	6画	kuā クゥア	60
こ	胡	胡	9画	hú フー	98
こ	顧	顾	10画	gù グー	30
ご	護	护	7画	hù フー	80
ご	誤	误	9画	wù ウー	84
ご	語	语	9画	yǔ ユイ	40
こう	広	广	3画	guǎng グゥアン	54
こう	紅	红	6画	hóng ホン	26
こう	后	后	6画	hòu ホウ	94
こう	後	后	6画	hòu ホウ	94
こう	講	讲	6画	jiǎng ジァン	38
こう	興	兴	6画	xīng/xìng シィン	20
こう	購	购	8画	gòu ゴウ	32
こう	鋼	钢	9画	gāng ガァン	110
こう	効	效	10画	xiào シァオ	132
ごう	剛	刚	6画	gāng ガァン	110
こく	谷	谷	7画	gǔ グー	96
こく	穀	谷	7画	gǔ グー	96
こく	黒	黑	12画	hēi ヘイ	132
こん	今	今	4画	jīn ジン	126

さ					
さ	差	差	9画	chā/chà チァ chāi チァイ	130
さ	査	查	9画	chá チァ	130
さい	歳	岁	6画	suì スイ	112
さい	際	际	7画	jì ジー	64
さい	災	灾	7画	zāi ザイ	72
さい	採	采	8画	cǎi ツァイ	62

さい	細	**细**	8画	xì シー		26
さい	済	**济**	9画	jì ジー		108
さく	錯	**错**	13画	cuò ツオ		36
し	只	**只**	5画	zhǐ ジー		94
さつ	殺	**杀**	6画	shā シァ		60
ざつ	雑	**杂**	6画	zá ザァ		58
さん	産	**产**	6画	chǎn チァン		60
さん	傘	**伞**	6画	sǎn サン		144
し	師	**师**	6画	shī シー		18
し	詞	**词**	7画	cí ツー		38
し	紙	**纸**	7画	zhǐ ジー		26
し	志	**志**	7画	zhì ジー		96
し	誌	**志**	7画	zhì ジー		96
し	歯	**齿**	8画	chǐ チー		62
し	試	**试**	8画	shì シー		40
し	視	**视**	8画	shì シー		46
し	資	**资**	10画	zī ズー		34
じ	児	**儿**	2画	ér アル		54
じ	時	**时**	7画	shí シー		20
しき	識	**识**	7画	shí シー		38
しつ	質	**质**	8画	zhì ジー		32
じつ	実	**实**	8画	shí シー		118
しゃ	車	**车**	4画	chē チョ		14
しゃ	写	**写**	5画	xiě シエ		126
しゃ	捨	**舍**	8画	shě シヲ		96
しゃ	舎	**舍**	8画	shè シヲ		96
しゅ	種	**种**	9画	zhǒng/zhòng ジオン		84
じゅ	樹	**树**	9画	shù シゥ		106
しゅう	習	**习**	3画	xí シー		54
しゅう	醜	**丑**	4画	chǒu チォウ		94
しゅう	収	**收**	6画	shōu シォウ		132
しゅう	衆	**众**	6画	zhòng ジオン		72
しゅう	終	**终**	8画	zhōng ジオン		26
しゅう	周	**周**	8画	zhōu ジォウ		96
しゅう	週	**周**	8画	zhōu ジォウ		96
じゅう	従	**从**	4画	cóng ツオン		70
じゅつ	術	**术**	5画	shù シゥ		56
じゅん	順	**顺**	9画	shùn シゥン		30
じゅん	準	**准**	10画	zhǔn ジゥン		64
しょ	書	**书**	4画	shū シゥ		12
しょう	升	**升**	4画	shēng シヲン		92
しょう	昇	**升**	4画	shēng シヲン		92
しょう	衝	**冲**	6画	chōng チオン		44

しょう	傷	**伤**	6画	shāng シャン		110
しょう	証	**证**	7画	zhèng ジョン		40
しょう	紹	**绍**	8画	shào シァオ		28
しょう	松	**松**	8画	sōng ソォン		98
しょう	将	**将**	9画	jiāng/jiàng ジアン		112
しょう	奨	**奖**	9画	jiǎng ジアン		112
しょう	勝	**胜**	9画	shèng ション		148
しょう	鐘	**钟**	9画	zhōng ジョン		98
しょう	焼	**烧**	10画	shāo シァオ		118
しょう	醤	**酱**	13画	jiàng ジアン		112
じょう	譲	**让**	5画	ràng ラァン		144
じょう	場	**场**	6画	chǎng チァン		114
じょう	条	**条**	7画	tiáo ティアオ		62
じょう	浄	**净**	8画	jìng ジィン		44
しょく	飾	**饰**	8画	shì シー		42
しょく	職	**职**	11画	zhí ジー		86
しん	進	**进**	7画	jìn ジン		80
しん	針	**针**	7画	zhēn ジェン		36
しん	親	**亲**	9画	qīn チン		62
しん	真	**真**	10画	zhēn ジェン		130
じん	塵	**尘**	6画	chén チェン		70
じん	尋	**寻**	6画	xún シュン		60
す	須	**须**	9画	xū シュイ		30
ず	図	**图**	8画	tú トゥ		132
すい	帥	**帅**	5画	shuài シゥアイ		18
せい	聖	**圣**	5画	shèng シヲン		104
せい	斉	**齐**	6画	qí チー		108
せい	声	**声**	7画	shēng シヲン		62
せい	征	**征**	8画	zhēng ジョン		98
せい	制	**制**	8画	zhì ジー		96
せい	製	**制**	8画	zhì ジー		96
せい	請	**请**	10画	qǐng チィン		40
せき	隻	**只**	5画	zhī ジー		94
せき	績	**绩**	11画	jì ジー		28
せつ	節	**节**	5画	jié ジエ		18
せつ	説	**说**	9画	shuō シゥオ		40
せん	専	**专**	4画	zhuān ジアン		16
せん	遷	**迁**	6画	qiān チェン		80
せん	線	**线**	8画	xiàn シェン		28
せん	選	**选**	9画	xuǎn シュアン		144
せん	戦	**战**	9画	zhàn ジアン		84
せん	銭	**钱**	10画	qián チェン		36
そ	訴	**诉**	7画	sù スー		38

そ	組	**组**	8画	zǔ ズー	28
そ	礎	**础**	10画	chǔ チゥ	86
そう	倉	**仓**	4画	cāng ツァン	148
そう	掃	**扫**	6画	sǎo サオ	60
そう	層	**层**	7画	céng ツゥン	116
そう	総	**总**	9画	zǒng ゾォン	146
そく	則	**则**	6画	zé ゼヲ	32
ぞく	続	**续**	11画	xù シュイ	118
そん	孫	**孙**	6画	sūn スン	72

た					
たい	隊	**队**	4画	duì ドゥイ	70
たい	対	**对**	5画	duì ドゥイ	106
たい	態	**态**	8画	tài タイ	82
たい	帯	**带**	9画	dài ダイ	130
だい	題	**题**	15画	tí ティ	30
たく	択	**择**	8画	zé ゼヲ	106
たつ	達	**达**	6画	dá ダー	80
たん	単	**单**	8画	dān ダン	128
だん	団	**团**	6画	tuán トアン	148
だん	壇	**坛**	7画	tán タン	116
ち	遅	**迟**	7画	chí チー	80
ちゅう	沖	**冲**	6画	chōng チォン	44
ちょう	長	**长**	4画	cháng チァン zhǎng ジァン	16
ちょう	庁	**厅**	4画	tīng ティン	126
ちょう	鳥	**鸟**	5画	niǎo ニァオ	18
ちょう	聴	**听**	7画	tīng ティン	72
ちょう	張	**张**	7画	zhāng ジァン	16
ちょう	徴	**征**	8画	zhēng ジォン	98
ちょう	趙	**赵**	9画	zhào ジァオ	110
ちょう	調	**调**	10画	diào ディアオ tiáo ティアオ	40
ちょう	漲	**涨**	10画	zhǎng ジァン	16
てい	低	**低**	7画	dī ディ	128
てき	適	**适**	9画	shì シー	144
てつ	鉄	**铁**	10画	tiě ティエ	36
てん	天	**天**	4画	tiān ティエン	126
てん	転	**转**	0画	zhuǎn/zhuàn ジァン	16
でん	電	**电**	5画	diàn ディエン	56
でん	伝	**传**	6画	chuán チァン zhuàn ジァン	16
と	斗	**斗**	4画	dǒu ドゥ	92

と	塗	**涂**	10画	tú トゥ	64
とう	闘	**斗**	4画	dòu ドゥ	92
とう	東	**东**	5画	dōng ドン	18
とう	討	**讨**	5画	tǎo タオ	38
とう	湯	**汤**	6画	tāng タァン	112
どう	導	**导**	6画	dǎo ダオ	144
どう	動	**动**	6画	dòng ドン	116
どく	読	**读**	10画	dú ドゥ	118
とん	頓	**顿**	10画	dùn ドゥン	30

な					
なん	軟	**软**	8画	ruǎn ルァン	14
なん	難	**难**	10画	nán/nàn ナン	104
にん	認	**认**	4画	rèn レン	78
ねい	寧	**宁**	5画	níng/nìng ニィン	58
ねつ	熱	**热**	10画	rè ルヲ	146
のう	農	**农**	6画	nóng ノン	20
のう	脳	**脑**	10画	nǎo ナオ	146

は					
ば	馬	**马**	3画	mǎ マー	12
はい	敗	**败**	8画	bài バイ	32
ばい	買	**买**	6画	mǎi マイ	118
ばい	売	**卖**	8画	mài マイ	118
はつ	発	**发**	5画	fā ファー	18
はつ	髪	**发**	5画	fà ファー	18
はん	飯	**饭**	7画	fàn ファン	42
はん	範	**范**	8画	fàn ファン	82
はん	煩	**烦**	10画	fán ファン	30
ばん	盤	**盘**	11画	pán パン	60
ひ	飛	**飞**	3画	fēi フェイ	54
ひ	費	**费**	9画	fèi フェイ	34
び	鼻	**鼻**	14画	bí ビー	130
ひつ	畢	**毕**	6画	bì ビー	78
ひつ	筆	**笔**	10画	bǐ ビー	72
ひょう	氷	**冰**	6画	bīng ビィン	44
ひょう	評	**评**	7画	píng ピィン	40
ひょう	標	**标**	9画	biāo ビァオ	64
ひん	賓	**宾**	10画	bīn ビン	84
ふ	負	**负**	6画	fù フー	32
ふ	膚	**肤**	8画	fū フー	84
ふう	風	**风**	4画	fēng フォン	110
ふく	復	**复**	9画	fù フー	62

ふく	複	复	9画	fù フー	62
ふん	奮	奋	8画	fèn フェン	60
ぶん	聞	闻	9画	wén ウェン	48
へい	幣	币	4画	bì ビー	56
へい	併	并	6画	bìng ビィン	94
へい	並	并	6画	bìng ビィン	94
へい	餅	饼	9画	bǐng ビィン	42
へん	辺	边	5画	biān ビェン	128
へん	変	变	8画	biàn ビェン	128
ほ	補	补	7画	bǔ ブー	148
ほ	歩	步	7画	bù ブー	128
ほう	豊	丰	4画	fēng フョン	56
ほう	包	包	5画	bāo バオ	126
ほう	報	报	7画	bào バオ	146
ほう	飽	饱	8画	bǎo バオ	42
ほう	幇	帮	9画	bāng バァン	84

ま

む	無	无	4画	wú ウー	18
む	務	务	5画	wù ウー	56
む	夢	梦	11画	mèng モン	146
めつ	滅	灭	5画	miè ミエ	148
めん	面	面	9画	miàn ミェン	98
めん	麺	面	9画	miàn ミェン	98
もう	網	网	6画	wǎng ワァン	70
もん	問	问	6画	wèn ウェン	48

や

や	爺	爷	6画	yé イエ	58
やく	約	约	6画	yuē ユエ	26
やく	薬	药	9画	yào ヤオ	146
ゆ	輸	输	13画	shū シゥ	14
ゆう	優	优	6画	yōu ヨウ	78
ゆう	郵	邮	7画	yóu ヨウ	82
ゆう	遊	游	12画	yóu ヨウ	98
よ	預	预	10画	yù ユィ	30
よう	葉	叶	5画	yè イエ	146
よう	陽	阳	6画	yáng ヤン	70
よう	揚	扬	6画	yáng ヤン	114
よう	擁	拥	8画	yōng ヨン	148
よう	養	养	9画	yǎng ヤン	108
よう	様	样	10画	yàng ヤン	84

ら

らく	楽	乐	5画	lè ラヲ / yuè ユエ	20
らん	覧	览	9画	lǎn ラン	106
り	里	里	7画	lǐ リー	96
り	裏	里	7画	lǐ リー	96
り	離	离	10画	lí リー	58
りゅう	竜	龙	5画	lóng ロン	148
りょ	慮	虑	10画	lǜ リュイ	64
りょう	両	两	7画	liǎng リァン	144
りょう	涼	凉	10画	liáng リァン	44
りょう	輌	辆	11画	liàng リァン	14
りょく	緑	绿	11画	lǜ リュイ	28
りん	倫	伦	6画	lún ルゥン	114
りん	隣	邻	7画	lín リン	82
りん	輪	轮	8画	lún ルゥン	114
りん	臨	临	9画	lín リン	148
るい	涙	泪	8画	lèi レイ	72
るい	類	类	9画	lèi レイ	64
れい	冷	冷	7画	lěng ラヲン	44
れい	麗	丽	7画	lì リー	62
れき	歴	历	4画	lì リー	78
れき	暦	历	4画	lì リー	78
れん	連	连	7画	lián リェン	14
れん	練	练	8画	liàn リェン	26
ろく	録	录	8画	lù ルー	62
ろん	論	论	6画	lùn ルゥン	114

わ

わ	話	话	8画	huà フゥア	40

日本語ではあまり見ない字

あい	鞋	鞋	15画	xié シエ	146
い	姨	姨	9画	yí イー	84
えい	贏	赢	17画	yíng イン	34
か	找	找	7画	zhǎo ジアオ	136
か	哥	哥	10画	gē グヲ	134
か	假(仮)	假	11画	jiǎ/jià ジア	136
かい	匯	汇	5画	huì フゥイ	94
ぎょう	澆	浇	9画	jiāo ジアオ	118
けん	撿	捡	10画	jiǎn ジェン	120
けん	臉	脸	11画	liǎn リェン	120
こ	鬍	胡	9画	hú フー	98

こ	袴	**裤**	12画	kù クー	14
こう	崗	**岗**	7画	gǎng ガァン	110
こう	餃	**饺**	9画	jiǎo ジアオ	42
こん	很	**很**	9画	hěn ヘン	138
こん	跟	**跟**	13画	gēn ゲン	138
さ	做	**做**	11画	zuò ズオ	136
さい	賽	**赛**	14画	sài サイ	34
じ	你	**你**	7画	nǐ ニー	134
しゃ	這	**这**	7画	zhè ジォ	144
しゅう	售	**售**	11画	shòu シォウ	136
しょう	廠	**厂**	2画	chǎng チァン	148
しょう	鬆	**松**	8画	sōng ソォン	98
しょう	嘗	**尝**	9画	cháng チァン	116
しょう	鍾	**钟**	9画	zhōng ジォン	98
しょう	牆	**墙**	14画	qiáng チァン	146
じょう	擾	**扰**	7画	rǎo ラオ	146
しん	怎	**怎**	9画	zěn ゼン	134
すい	雖	**虽**	9画	suī スイ	58
せん	簽	**签**	13画	qiān チェン	120
そう	卡	**卡**	5画	kǎ カー / qiǎ チア	138
たい	擡	**抬**	8画	tái タイ	82
たん	賺	**赚**	14画	zhuàn ジュアン	34
ちゅう	丑	**丑**	4画	chǒu チォウ	94
ちゅう	丟	**丢**	6画	diū ディオ	136
てき	踢	**踢**	15画	tī ティ	138
どう	閙	**闹**	8画	nào ナオ	48

は	爸	**爸**	8画	bà バー	134
ば	麼	**么**	3画	me マォ	134
ば	碼	**码**	8画	mǎ マー	12
ひん	蘋	**苹**	8画	píng ピィン	82
へん	騙	**骗**	12画	piàn ピェン	12
べん	辦(弁)	**办**	4画	bàn バン	136
ぼ	媽	**妈**	6画	mā マー	12
ほう	跑	**跑**	12画	pǎo パオ	138
ま	嗎	**吗**	6画	ma マ	12
もん	們	**们**	5画	men メン	48
やく	鑰	**钥**	9画	yào ヤオ	36
ゆう	游	**游**	12画	yóu ヨウ	98
らん	籃	**篮**	16画	lán ラン	106
り	裡	**里**	7画	lǐ リー	96
れい	厲	**厉**	5画	lì リー	144

日本語にはない字

=	=	**她**	6画	tā ター	134
=	=	**吧**	7画	ba バ	134
=	=	**吵**	7画	chǎo チァオ	136
=	=	**呢**	8画	ne ナォ	136
=	=	**哪**	9画	nǎ ナー	134
=	=	**喂**	12画	wéi/wèi ウェイ	136
=	=	**碰**	13画	pèng ポン	138
=	=	**懂**	15画	dǒng ドン	138
=	=	**躺**	15画	tǎng タァン	138
=	=	**趟**	15画	tàng タァン	138

一緒に覚えよう！見出し項目以外の文字
(本文中に掲載した基本的な文字と掲載ページです)

詐	**诈**	12	責	**责**	32	財	**财**	60	積	**积**	80,132	藍	**蓝**	106	具	**具**	130
裙	**裙**	14	別	**别**	36	鍵	**键**	60	憐	**怜**	82	営	**营**	108	突	**突**	132
処	**处**	16,148	鎖	**锁**	36	齡	**龄**	62	浅	**浅**	84	貧	**贫**	110	渇	**渴**	132
頭	**头**	18,118	劃	**划**	38	像	**像**	62	植	**植**	84	義	**义**	112	咱	**咱**	134
釣	**钓**	18	設	**设**	38	備	**备**	64	滿	**满**	86	=	**蚂**	112	您	**您**	134
応	**应**	20,98	穿	**穿**	40	牽	**牵**	64	吳	**吴**	90	販	**贩**	118	敵	**敌**	144
挙	**举**	20	見	**见**	48,138	絡	**络**	70	楊	**杨**	90	揭	**揭**	118	害	**害**	144
詳	**详**	26	他	**他**	48,134	器	**器**	70,132	鈴	**铃**	90	=	**垃**	120	悪	**恶**	144
織	**织**	28,86	訪	**访**	48	億	**亿**	78	値	**值**	92	=	**圾**	120	悶	**闷**	146
直	**直**	28,130	関	**关**	56,96	憶	**忆**	78	領	**领**	96	毎	**每**	126,132	茶	**茶**	146,148
着	**着**	30	帰	**归**	60	憂	**忧**	78	訳	**译**	106	底	**底**	128	悩	**恼**	146
溝	**沟**	32	婦	**妇**	60	確	**确**	78	趕	**赶**	106	呂	**吕**	130	烏	**乌**	148
構	**构**	32	奪	**夺**	60	纖	**纤**	80	鴨	**鸭**	106	異	**异**	130	庫	**库**	148

音節表　子音と母音の組み合わせ一覧表

	単母音 a	o	e	i	u	ü	er	複合母音 ai	ei	ao	ou	ia	ie	ua	uo	üe	iao	i(o)u	uai	u(e)i
	アー a	オー o	ヲー e	イー yi	ウー wu	ュイ yu	アル er	アイ ai	エイ ei	アオ ao	オウ ou	ヤー ya	イエ ye	ワー wa	ウォ wo	ユェ yue	ヤオ yao	ヨウ you	ワイ wai	ウェイ wei
b	バー ba	ボォ bo		ビー bi	ブー bu			バイ bai	ベイ bei	バオ bao			ビエ bie				ビァオ biao			
p	パー pa	ポォ po		ピー pi	プー pu			パイ pai	ペイ pei	パオ pao	ポウ pou		ピエ pie				ピァオ piao			
m	マー ma	モォ mo	マォ me	ミー mi	ムー mu			マイ mai	メイ mei	マオ mao	モウ mou		ミエ mie				ミァオ miao	ミィオ miu		
f	ファー fa	フォ fo			フー fu				フェイ fei		フォウ fou									
d	ダー da		ドォ de	ディ di	ドゥ du			ダイ dai	デイ dei	ダオ dao	ドウ dou	ディア dia	ディエ die		ドゥオ duo		ディアオ diao	ディオ diu		ドゥイ dui
t	ター ta		トォ te	ティ ti	トゥ tu			タイ tai		タオ tao	トウ tou		ティエ tie		トゥオ tuo		ティアオ tiao			トゥイ tui
n	ナー na		ナォ ne	ニー ni	ヌー nu	ニュイ nü		ナイ nai	ネイ nei	ナオ nao	ノウ nou		ニィエ nie		ヌゥオ nuo	ニュエ nüe	ニァオ niao	ニィオ niu		
l	ラー la	ロォ lo	ラォ le	リー li	ルー lu	リュイ lü		ライ lai	レイ lei	ラオ lao	ロウ lou	リィア lia	リィエ lie		ルゥオ luo	リュエ lüe	リァオ liao	リィオ liu		
g	ガー ga		グォ ge		グー gu			ガイ gai	ゲイ gei	ガオ gao	ゴウ gou			グゥア gua	グゥオ guo				グアイ guai	グゥイ gui
k	カー ka		クォ ke		クー ku			カイ kai	ケイ kei	カオ kao	コウ kou			クゥア kua	クゥオ kuo				クアイ kuai	クゥイ kui
h	ハー ha		フォ he		フー hu			ハイ hai	ヘイ hei	ハオ hao	ホウ hou			フゥア hua	フゥオ huo				ホアイ huai	フゥイ hui
j				ジー ji		ジュイ ju						ジア jia	ジエ jie			ジュエ jue	ジァオ jiao	ジィオ jiu		
q				チー qi		チュイ qu						チア qia	チエ qie			チュエ que	チァオ qiao	チィオ qiu		
x				シー xi		シュイ xu						シア xia	シエ xie			シュエ xue	シァオ xiao	シィオ xiu		
zh	ジァ zha		ジョ zhe	ジー zhi	ジゥ zhu			ジァイ zhai	ジェイ zhei	ジァオ zhao	ジォウ zhou			ジゥア zhua	ジゥオ zhuo				ジゥアイ zhuai	ジゥイ zhui
ch	チァ cha		チョ che	チー chi	チゥ chu			チァイ chai		チァオ chao	チォウ chou			チゥア chua	チゥオ chuo				チゥアイ chuai	チゥイ chui
sh	シァ sha		ショ she	シー shi	シゥ shu			シァイ shai	シェイ shei	シァオ shao	シォウ shou			シゥア shua	シゥオ shuo				シゥアイ shuai	シゥイ shui
r			ルォ re	リー ri	ルー ru					ラオ rao	ロウ rou			ルア rua	ルオ ruo					ルイ rui
z	ザァ za		ゼォ ze	ズー zi	ズー zu			ザイ zai	ゼイ zei	ザオ zao	ゾウ zou				ズオ zuo					ズイ zui
c	ツァ ca		ツォ ce	ツー ci	ツー cu			ツァイ cai		ツァオ cao	ツォウ cou				ツオ cuo					ツイ cui
s	サー sa		ソォ se	スー si	スー su			サイ sai		サオ sao	ソウ sou				スオ suo					スイ sui

※ダウンロード音声には、子音と母音のみが入っています。
※カタカナはあくまでも参考です。ダウンロード音声を聞いて、正しい発音を身につけましょう。

鼻母音																	
an	ang	en	eng	in	ing	ian	iang	uan	uang	u(e)n	ueng	üan	ün	ong	iong	子音	
アン an	アン ang	エン en	オン eng	イン yin	イン ying	イエン yan	ヤン yang	ワン wan	ワァン wang	ウェン wen	ウォン weng	ユェン yuan	ュィン yun	オーン ong	ヨン yong		
バン ban	バァン bang	ベン ben	ボン beng	ビン bin	ビィン bing	ビェン bian										b	子音（唇音）
パン pan	パァン pang	ペン pen	ポン peng	ピン pin	ピィン ping	ピェン pian										p	
マン man	マァン mang	メン men	モン meng	ミン min	ミィン ming	ミェン mian										m	
ファン fan	ファン fang	フェン fen	フォン feng													f	
ダン dan	ダァン dang	デン den	ドォン deng		ディン ding	ディエン dian		ドアン duan		ドゥン dun				ドン dong		d	（舌尖音）
タン tan	タァン tang		トォン teng		ティン ting	ティエン tian		トアン tuan		トゥン tun				トン tong		t	
ナン nan	ナァン nang	ネン nen	ノォン neng	ニン nin	ニィン ning	ニェン nian	ニァン niang	ヌアン nuan		ヌゥン nun				ノン nong		n	
ラン lan	ラァン lang		ラォン leng	リン lin	リィン ling	リェン lian	リァン liang	ルアン luan		ルゥン lun				ロン long		l	
ガン gan	ガァン gang	ゲン gen	ゲォン geng					グアン guan	グゥアン guang	グゥン gun				ゴン gong		g	（舌根音）
カン kan	カァン kang	ケン ken	ケォン keng	'				クアン kuan	クゥアン kuang	クゥン kun				コン kong		k	
ハン han	ハァン hang	ヘン hen	ヘォン heng					ホアン huan	フゥアン huang	フゥン hun				ホン hong		h	
				ジン jin	ジィン jing	ジェン jian	ジァン jiang					ジュアン juan	ジュン jun		ジョン jiong	j	（舌面音）
				チン qin	チィン qing	チェン qian	チァン qiang					チュアン quan	チュン qun		チョン qiong	q	
				シン xin	シィン xing	シェン xian	シァン xiang					シュアン xuan	シュン xun		ション xiong	x	
ジャン zhan	ジャァン zhang	ジェン zhen	ジョン zheng					ジュアン zhuan	ジゥアン zhuang	ジゥン zhun				ジョン zhong		zh	（そり舌音）
チャン chan	チャァン chang	チェン chen	チォン cheng					チァン chuan	チゥアン chuang	チゥン chun				チォン chong		ch	
シャン shan	シャァン shang	シェン shen	シォン sheng					シュアン shuan	シゥアン shuang	シゥン shun						sh	
ラン ran	ラァン rang	レン ren	レォン reng					ルアン ruan		ルン run				ロォン rong		r	
ザン zan	ザァン zang	ゼン zen	ゾォン zeng					ズアン zuan		ズン zun				ゾォン zong		z	（舌歯音）
ツァン can	ツァァン cang	ツェン cen	ツォン ceng					ツァン cuan		ツン cun				ツォン cong		c	
サン san	サァン sang	セン sen	セォン seng					スァン suan		スン sun				ソォン song		s	

著者

林 怡州（りん いちょう）

台湾生まれ。湘南中文學苑學苑長。北京語言大学博士課程修了、文学博士（中国語言語文字学専攻）。中国国家試験普通話水平測試1級。中国の標準語である「普通話」と簡体字およびピンイン（普通話の発音記号）、台湾で話される中国語である「台湾華語」と繁体字および注音（台湾華語の発音記号）に精通する。通訳案内士（中国語）。日本大学、国際医療福祉大学、外語ビジネス専門学校兼任講師もつとめる。
著書に『中国語 四字成語・慣用表現800』（三修社）、『これで合格！中国語検定 準4級・4級完全マスター』（新星出版社）、『中国語をはじめからていねいに』『中国語で紹介する日本 文化編』（以上東進ブックス）、監修書に『ニーハオ！中国語―すぐに使える日常会話集』『ニーハオ！中国語かんたんドリル―すぐに使える基本フレーズ』（以上池田書店）がある。

参考文献
『新汉语水平考试大纲』商务印书馆／『现代汉语词典』商务印书馆／『新版 漢語林』大修館書店

執筆協力　増田 真意子、佐藤 美喜
イラスト　オフィスシバチャン
本文デザイン　株式会社遠藤デザイン
中国語校閲　韓 香美
録　音　株式会社ジェイルハウス・ミュージック
中国語ナレーション　姜 海寧
日本語ナレーション　桑島 三幸

本文DTP　株式会社ロガータ
編集協力　株式会社キャデック
編集担当　小髙 真梨（ナツメ出版企画株式会社）

オールカラー

超入門！書いて覚える簡体字ドリル

2021年4月23日　初版発行

著　者　林 怡州　　　　　　　　　　©Lin Yizhou, 2021
発行者　田村 正隆

発行所　株式会社ナツメ社
　　　　東京都千代田区神田神保町1-52　ナツメ社ビル1F（〒101-0051）
　　　　電話 03-3291-1257（代表）　FAX 03-3291-5761
　　　　振替 00130-1-58661
制　作　ナツメ出版企画株式会社
　　　　東京都千代田区神田神保町1-52　ナツメ社ビル3F（〒101-0051）
　　　　電話 03-3295-3921（代表）
印刷所　ラン印刷社

ISBN978-4-8163-7000-7　　Printed in Japan
〈定価はカバーに表示してあります〉〈落丁・乱丁本はお取り替えします〉